本书获得国家社会科学基金青年项目"制度和技术双重约束下推动我国科技型企业对外投资机制研究"（14CJL013）的资助

白洁 著

中国科技型企业对外直接投资决策与绩效研究

中国社会科学出版社

图书在版编目(CIP)数据

中国科技型企业对外直接投资决策与绩效研究/白洁著.—北京：中国社会科学出版社，2022.12
ISBN 978-7-5227-0103-5

Ⅰ.①中… Ⅱ.①白… Ⅲ.①高技术企业—对外投资—直接投资—研究—中国 Ⅳ.①F279.244.4

中国版本图书馆 CIP 数据核字(2022)第 066644 号

出 版 人	赵剑英
责任编辑	车文娇
特约编辑	张 硕
责任校对	夏慧萍
责任印制	戴 宽

出　　版	中国社会科学出版社
社　　址	北京鼓楼西大街甲 158 号
邮　　编	100720
网　　址	http://www.csspw.cn
发 行 部	010-84083685
门 市 部	010-84029450
经　　销	新华书店及其他书店
印　　刷	北京君升印刷有限公司
装　　订	廊坊市广阳区广增装订厂
版　　次	2022 年 12 月第 1 版
印　　次	2022 年 12 月第 1 次印刷
开　　本	710×1000　1/16
印　　张	14
插　　页	2
字　　数	203 千字
定　　价	69.00 元

凡购买中国社会科学出版社图书，如有质量问题请与本社营销中心联系调换
电话：010-84083683
版权所有　侵权必究

目　　录

第一章　绪论 …………………………………………………（1）
　　第一节　研究背景与意义 ………………………………（1）
　　第二节　研究方法与创新之处 …………………………（3）
　　第三节　研究思路及结构安排 …………………………（5）

第二章　新兴市场企业对外直接投资行为与绩效：
　　　　　文献综述 ……………………………………（10）
　　第一节　技术寻求与逆向技术溢出效应研究 …………（10）
　　第二节　企业异质性与微观主体对外直接投资研究 …（18）
　　第三节　制度环境与企业对外直接投资研究 …………（29）
　　第四节　本章小结 ………………………………………（34）

第三章　中国科技型企业对外直接投资现状与特征 ………（36）
　　第一节　中国科技型企业对外直接投资的结构特征 …（36）
　　第二节　中国科技型上市公司对外投资特征与
　　　　　　经营状况分析 …………………………………（43）
　　第三节　中国科技型企业跨国并购新趋势及典型案例 …（55）
　　第四节　中国科技型企业构建全球研发体系典型案例 …（58）
　　第五节　本章小结 ………………………………………（60）

第四章　中国科技型企业对外直接投资制度环境分析 …………（63）
第一节　中国对外投资管理制度变迁 ……………………（63）
第二节　双边及区域投资贸易协定 ………………………（70）
第三节　财税金融政策 ……………………………………（78）
第四节　行业促进政策 ……………………………………（82）
第五节　本章小结 …………………………………………（87）

第五章　技术创新是否促进了中国科技型企业对外直接投资 ………（88）
第一节　研究背景 …………………………………………（88）
第二节　文献综述 …………………………………………（90）
第三节　模型构建与变量设定 ……………………………（92）
第四节　实证分析结果 ……………………………………（96）
第五节　本章小结 …………………………………………（105）

第六章　企业生产率、国家特定优势与 OFDI 进入模式 ……（107）
第一节　研究背景 …………………………………………（107）
第二节　理论分析与研究假设 ……………………………（110）
第三节　模型构建与变量设定 ……………………………（116）
第四节　实证分析结果 ……………………………………（119）
第五节　本章小结 …………………………………………（127）

第七章　中国科技型企业对外直接投资绩效：基于 PSM 和 DID 方法的研究 ……………………………………（129）
第一节　研究方法、模型设定与数据来源 ………………（129）
第二节　平均效应和动态效应 ……………………………（133）
第三节　按对外直接投资特征的分类检验 ………………（138）
第四节　本章小结 …………………………………………（149）

第八章　境外投资便利化与中国科技型企业全要素生产率提升 (151)

- 第一节　研究背景 (151)
- 第二节　文献综述 (154)
- 第三节　模型设定与数据来源 (157)
- 第四节　境外投资便利化对企业全要素生产率的影响 (159)
- 第五节　境外投资便利化对企业全要素生产率的影响：异质性检验 (165)
- 第六节　境外投资便利化对企业全要素生产率的作用机制：技术创新视角 (168)
- 第七节　本章小结 (171)

第九章　主要结论与对策建议 (174)

- 第一节　主要结论 (174)
- 第二节　基于政府层面的建议 (178)
- 第三节　基于企业层面的建议 (189)

参考文献 (198)

后　记 (215)

第一章　绪论

中国正在构建以国内大循环为主体、国内国际双循环相互促进的新发展格局。积极推动科技型企业"走出去",是全面提高开放型经济水平的需要,更是我国实施创新驱动发展战略、实现经济高质量发展的重要途径。本书以科技型企业为研究对象,在宏观制度环境与微观企业行为的互动关系中展开"企业对外投资行为机理分析""企业对外投资绩效诊断""体制机制建构"三大模块的系统研究。

第一节　研究背景与意义

中国由高速增长阶段转向高质量发展阶段,科技型企业是中国经济实现质量变革、效率变革和动力变革的重要力量。中国高技术产业向全球价值链高端环节攀升,需要提高创新能力和全要素生产率、提升企业在国际分工体系中的地位。由于知识更迭速度加快,科技型企业依靠自身资源开展高成本的创新活动,已经难以适应日益激烈的国际竞争。科技型企业可以通过对外直接投资获取先进技术、专业人才、销售渠道和管理经验等战略资产,提升全球价值链地位,带动国内产业转型升级。2021年中国企业海外并购总额为570亿美元,同比增长19%,其中在科技、媒体和通信行业(TMT)的交易金额最高。同时,中国科技型企业通过设立研发机构、建立合资企业、设立科技园区等绿地投资方式主动融入全球价值链。随着贸易投资保护主义抬头,欧美等发达国家对高技术领域的外国投资审查收紧，中国科技型企业对外投资面临更加严苛的投资壁垒和交易不确定性增加带来的风险。那么，面对日益复杂的国际环境，中国科技型企业对外直接投资决策受哪些因素影响？哪些因素决定了企业开展绿地投资抑或跨国并购？中国境外投资便利化政策是否有利于科技型企业技术进步？其政策作用机制是什么？对外直接投资是否能够提升微观企业绩效？回答这一系列的问题，有必要立足于中国实践展开系统研究。

新兴市场国家对外直接投资是当前国际经济学领域的重要研究课题。随着新—新贸易理论的发展，从企业异质性角度研究微观主体的对外直接投资行为和绩效成为研究的热点领域。近十年来，随着数据可获得性提高，国内学者围绕企业对外直接投资决策、投资方式、投资区位、投资动机以及投资绩效等主题，做了深入而细致的研究。随着研究的深入，学者基于新兴市场国家特征，围绕母国制度环境和国家之间的制度距离等方面展开更深层次研究。上述研究成果为本书的研究提供了重要的参考基础。同时，对上述问题的研究也存在可继续开拓之处：一是主题探讨仍需进一步加深。如针对科技型企业对外直接投资决策、投资方式、投资绩效等一系列问题的系统研究尚且欠缺。二是微观层面的实证研究有待加强。政策引导、激励机制应建立在微观主体的制度需求分析、行为选择动态分析的基础上，而母国制度环境对微观主体行为及投资绩效的影响是对外投资领域研究的薄弱环节。

因此，研究的学术价值在于：一是通过对《境外投资企业（机构）名录》、Wind上市公司并购重组数据库和国泰安上市公司数据库进行匹配，构建中国科技型企业对外直接投资数据库，通过统计分析和实证分析对科技型企业对外直接投资的行为与绩效展开系统研究，为深入理解新兴市场国家企业对外投资特征提供新的直接证据。二是新兴经济体特有的制度环境是影响企业国际化经营的重要因素。基于企业异质性理论和制度基础观，本书将母国制度环境与微观主体行为的互动关系纳入分析框架。例如，在研究科技型企业决策行为时，将企业所有制结构、高管的政治关联等因素纳入分析框架；在考察企业全要素生产率对 OFDI 进入模式的影响时，将国家特定优势纳入分析框架，考察国有股权、政府补贴和市场化改革的调节作用；简政放权、放管结合、优化服务改革是释放中国经济活力的重要途径，本书还考察了境外投资便利化改革对企业生产效率的因果效应与作用机理。研究有助于深化理解新兴市场国家制度环境对微观主体对外投资行为的作用机制，拓展了宏观经济政策与微观企业行为的研究框架。

研究的应用价值在于：一是在研发国际化趋势以及贸易投资保护主义抬头的背景下，系统研究了科技型企业对外直接投资行为与绩效的影响因素，为科技型企业理性选择对外投资策略提供科学依据。二是科技型企业通过开展国际化经营提升创新能力和生产效率，有助于带动国内产业转型升级和促进经济高质量发展。本书将母国制度环境纳入分析框架，研究结论为进一步深化境外投资管理体制机制改革和提升科技型企业国际竞争力提供了重要参考依据。

第二节　研究方法与创新之处

一　研究方法

一是文献研究法。收集大量国内外高引用率和最新的理论文献，包括企业异质性理论、企业对外直接投资决策、绿地投资与跨国并购、研发国际化、对外直接投资绩效、融资约束、公司治理等文献 400 余篇。对现有文献进行分类梳理，及时了解最新理论研究动态和前沿方法，归纳总结主要观点，在充分借鉴现有文献的基础上，围绕研究主题展开深入研究。

二是描述统计法。根据商务部公布的《境外投资企业（机构）名录》，手动梳理了 2005—2015 年 40586 条企业境外投资信息，筛选出高技术产业领域的企业作为科技型企业，并逐一按所属省份、境外投资国别等进行分类统计，以较为完整地分析中国科技型企业境外投资的结构性特征。

三是对比分析法。通过对《境外投资企业（机构）名录》、Wind 上市公司并购重组数据库和国泰安上市公司数据库进行匹配，构建中国科技型企业对外直接投资数据库。数据库涵盖了 2008—2015 年科技型企业对外直接投资区位、投资方式、投资动机、所属省份、所有制结构等信息以及科技型上市公司的财务指标、公司治理指标等数据。然后，构造企业经营状况、技术创新以及生产效率三个方面指标，对 2008—2015 年开展对外直接投资企业和未开展对外直接投资企业进行统计分析，比较两类企业的异质性差异。

四是案例分析法。TMT 行业是全球跨国并购的最为活跃的领域。本书以 TMT 行业为例，通过统计数据分析和案例分析，来剖析中国科技型企业跨国并购呈现的新特征与趋势。构建全球研发体系是跨国企业获取技术领先地位的重要路径。越来越多的中国科技型企业在国外技术密集区设立研发机构、建立技术联盟等以实现开放式技术创新。本书以华为技术有限公司为例，对其海外研发体系进行分析。

五是理论推导与构建模型。本书分析了企业生产率对中国科技型企业对外直接投资模式的内在影响机理，并基于制度观分析国家特定优势对企业生产率与 OFDI 进入模式关系的调节作用机制。在考察境外投资便利化对企业全要素生产率的因果效应时，建立调节效应模型，从研发投入和研发产出视角探讨境外投资便利化对科技型企业生产效率的作用机制。

六是计量经济分析方法。为考察科技型企业行为决策与投资绩效，以及境外投资便利化的政策效应，本书通过建立二值回归模型、倾向得分匹配模型、双重差分等，运用 Stata14.0 软件，对科技型企业投资决策、对外直接投资绩效、境外投资便利化的政策效应等进行实证检验。

二 创新之处

研究内容及方法的创新之处主要体现在三个方面。一是在研究数据方面。微观层面数据缺乏是制约对外直接投资领域研究的重要因素。本书通过对商务部的《境外投资企业（机构）名录》、Wind上市公司并购重组数据库和国泰安上市公司数据库进行匹配，构建中国科技型企业对外直接投资数据库，涵盖了2008—2015年科技型企业对外直接投资区位、投资方式、投资动机、所属省份、所有制结构等信息以及科技型上市公司的财务指标、公司治理指标等数据。二是在研究视角方面。学术界较缺乏对科技型企业投资行为和绩效的系统研究。而科技型企业日益成为中国对外直接投资的重要主体，同时也是中国经济实现质量变革、效率变革和动力变革的重要力量。本书通过大样本数据分析，在宏观制度环境与微观企业行为的互动关系中展开"企业对外投资行为分析""企业对外投资绩效诊断""体制机制建构"三大模块的系统研究。三是在研究方法方面。为实现研究目标，本书在借鉴学术界最新研究成果的基础上，力图使用较为前沿的方法进行计量分析。例如，使用LP方法和OP方法测算企业全要素生产率，以防止估计方法对企业生产效率的估计产生偏误；采用倾向得分匹配方法系统评估了中国科技型企业对外直接投资绩效，通过反事实方法区分OFDI的自选择效应和学习效应；首次以《境外投资管理办法》颁布为准自然试验，采用倾向得分匹配方法和双重差分法检验境外投资便利化对科技型企业生产效率的影响，以尽可能克服评估过程的内生性问题。

第三节　研究思路及结构安排

本书围绕研究目标，采取文献综述→现状描述→实证研究→对策建议的研究思路，通过对现有文献进行系统梳理找到研究切入点，通过对微观主体投资特征描述和对中国对外直接投资制度变迁的归纳总结为实证研究提供实践经验，通过实证研究深化对微观主体投资行为、投资绩效以及政策效应的认识，使提出的体制机制建议更具有科学依据。本书结构具体见图 1-1。

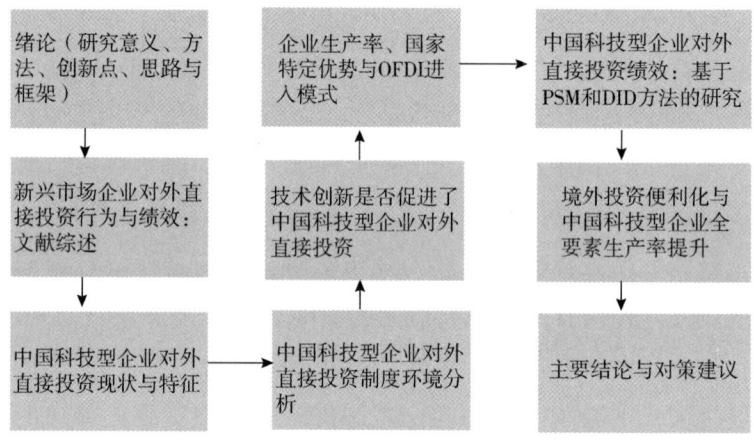

图 1-1 本书结构示意

除了本章"绪论"，本书结构安排如下。

第二章是"新兴市场企业对外直接投资行为与绩效：文献综述"。随着新兴市场国家跨国公司对外直接投资日益活跃，新制度经济学、创造性资产寻求理论、异质性理论等前沿理论在新兴市场国家企业对外投资行为变迁中得到应用和拓展，呈现出丰硕的研究成果。结合研究的主题，本章从技术寻求与逆向技术溢出效应、企业异质性与微观主体对外直接投资、制度环境与企业对外直接投资三个部分对相关文献展开评述。

第三章是"中国科技型企业对外直接投资现状与特征"。一是根据商务部公布的《境外投资企业（机构）名录》，手动梳理了 2005—2015 年 40586 条企业境外投资信息，筛选出高技术产业领域的企业作为科技型企业，并逐一按所属省份、境外投资国别等进行分类统计，以分析中国科技型企业境外投资的结构性特征。二是通过对商务部《境外投资企业（机构）名录》、Wind 企业并购重组数据库、国泰安上市公司数据库进行匹配，构建 2008—2015 年科技型上市公司数据库，从而弥补了《境外投资企业（机构）名录》中所缺失的财务报表、研发创新、治理结构等数据。通过对匹配后的上市公司数据进行统计性描述，对科技型上市公司的对外直接投资特征进行分析，并对比分析开展 OFDI 企业与未开展 OFDI 企业的异质性差异。三是以中国 TMT 行业为例考察了中国科技型企业跨国并购的趋势和特点。四是以华为为案例剖析了中国科技型企业构建全球研发体系的路径。

第四章是"中国科技型企业对外直接投资制度环境分析"。随着对外开放进程加快，中国境外投资审批权限逐步下放、审批手续不断简化，在一定程度上加快了中国企业"走出去"的步伐。本章梳理了改革开放以来境外投资管理制度变迁，总结归纳了中国境外投资管理体制在推进便利化改革的同时加强风险防范的主要趋势与特点。另外，从双边投资贸易协定、财税政策和行业政策等方面分析了中国在鼓励企业开展境外投资方面的制度化改革进程。

第五章是"技术创新是否促进了中国科技型企业对外直接投资"。本章考察技术创新能力对中国科技型企业对外直接投资决策的影响。技术创新能力体现了科技型企业的核心竞争力。本章通过构建 Logit 模型考察技术创新能力越高的企业是否对外直接投资的可能性也越大，并进一步利用专利类型的差异，同时将高技术水平创新和低技术水平创新作为企业技术创新能力的度量指标，以求更准确地刻画创新质量对企业对外直接投资决策的影响。另外，结合跨国公司国际化理论、发展中国家对外投资理论以及科技型企业的特质性，对影响中国科技型企业 OFDI 决策的因素进行全面分析，包括企业经营状况、企业社会资源、母国制度环境等，并进一步根据行业分类、东道国收入水平、投资动机进行分组检验。

第六章是"企业生产率、国家特定优势与 OFDI 进入模式"。立足于中国科技型企业实践，对企业生产率与 OFDI 进入模式的关系这一异质性理论的重要命题进行机理分析与实证检验，并将国家特定优势纳入分析框架，考察了国有股权、政府补贴和市场化改革的调节作用。学术贡献在于：针对中国科技型企业 OFDI 进入模式的异质性因素进行了全面考察，为研究技术密集型行业内企业生产率与 OFDI 进入模式的关系提供了新兴市场国家的直接证据；基于新兴市场国家的制度特征，首次将国家特定优势纳入实证研究框架，从国有股权、政府补贴和市场化改革三个维度研究了国家特定优势对企业生产率与 OFDI 进入模式关系的调节作用，拓展了现有研究的边界。

第七章是"中国科技型企业对外直接投资绩效：基于 PSM 和 DID 方法的研究"。本章采用倾向得分匹配和双重差分方法对中国科技型企业对外直接投资绩效进行系统估计。以往对中国科技型企业投资绩效的研究多是采用案例分析法、事件研究法和回归分析法，本章以全要素生产率这一综合指标表征投资绩效，采用基于倾向得分匹配的双重差分法，系统考察了 OFDI 对中国科技型企业全要素生产率的平均效应和动态效应；进一步，按照投资方式（绿地投资和跨国并购）、投资动机（商贸服务型、当地生产型和技术研发型）和东道国收入水平（高收入国家和中低收入国家）进行分类估计，从投资特征视角考察了 OFDI 生产率效应的差异性。研究价值在于为科技型企业理性选择对外投资策略提供了科学依据。

第八章是"境外投资便利化与中国科技型企业全要素生产率提升"。本章采用倾向得分匹配和双重差分法，考察境外投资制度改革对科技型企业全要素生产率的因果效应与作用机理。研究创新之处在于：一是首次以《境外投资管理办法》颁布为准自然试验，采用倾向得分匹配方法和双重差分法检验境外投资便利化对科技型企业生产效率的影响，以尽可能克服评估过程的内生性问题；二是不仅分析了制度便利化对科技型企业生产效率的总体效应，并进一步从企业所有制性质、所在地区差异等视角探讨政策冲击效应的异质性；三是构建调节效应模型，从研发投入和研发产出视角探讨境外投资便利化对科技型企业生产效率的作用机制，以深化对政策冲击如何影响微观主体行为的认识，从而对境外投资管理体制机制改革提供借鉴意义。研究价值在于有助于深入理解境外投资便利化政策的实施效果，拓展了宏观经济政策与微观企业行为的研究框架，对进一步深化境外投资管理体制机制改革和提升科技型企业国际竞争力提供重要参考依据。

第九章是"主要结论与对策建议"。科技型企业投资目标多是获取先进技术和营销网络等高附加值资源，以实现向价值链高端攀升，因此更容易面临技术标准壁垒、知识产权诉讼、国家安全审查等各种风险。本章结合前文分析，提出完善并优化科技型企业"走出去"体制机制的相关建议。

第二章　新兴市场企业对外直接投资行为与绩效：文献综述

随着新兴市场国家跨国公司对外直接投资日益活跃，新制度经济学、创造性资产寻求理论、异质性理论等前沿理论在新兴市场国家企业对外投资行为变迁中得到应用和拓展，呈现出丰硕的研究成果。结合研究的主题，本章从以下三个部分对相关文献展开评述。

第一节　技术寻求与逆向技术溢出效应研究

传统跨国公司理论认为，垄断优势是跨国公司开展对外直接投资的必要条件。自20世纪60年代以来，不具有特定优势的企业开展对外直接投资成为国际投资领域的重要趋势。垄断优势理论对于这一对外直接投资行为无法给出科学的解释。学者对现有理论进行拓展，研究认为获取先进技术是独立于"所有权优势"之外的对外直接投资重要动机。特别是近年来，中国企业对发达国家和新兴工业化国家直接投资激增，这种投资新现象引起了国内学者的关注。技术寻求型对外直接投资和逆向技术溢出效应成为国际贸易与投资领域的研究热点，截至2022年10月，在中国知网上，以"逆向技术溢出""技术寻求型"为主题的论文共2050篇。学者不断拓展研究视角，改进研究方法，使得该领域的研究不断深入。

一 技术寻求型对外直接投资

该领域的研究开始于对发达国家之间投资行为的实证考察。Kogut 和 Chang（1991）借助 1976—1987 年数据，分析了日本企业进入美国市场的动机，研究发现：日本企业对美国的投资主要集中在研发密集型行业，且美国的研发强度对日本在美国投资的企业数量产生积极影响，该研究首次证实了技术寻求型对外直接投资（OFDI）的存在。Neven 和 Siotis（1996）则证实美国和日本企业在欧洲开展直接投资，其目的往往是获取先进技术。当企业具有特有知识时，通常采用绿地投资方式来降低技术溢出；当企业的目的是获取某些特殊知识时，更倾向于采用并购的方式来获取技术溢出。Cantwell 等（2004）利用 1969—1995 年美国对英国制造业的直接投资数据进行研究，发现美国对英国开展技术寻求型对外直接投资的效果在不同行业间存在差异。

在理论分析方面，Fosfuri 与 Motta（1999）通过建立古诺竞争博弈模型来分析无特定优势企业进行对外直接投资的可能性，其原因在于企业获得技术正外部性能够弥补跨国投资带来的成本。邓宁（Dunning，1998）认为，跨国投资的一个显著变化是企业从利用自身特定优势转向寻求创造性资产，特别是通过跨国并购或是与东道国企业建立合作关系来增强自身优势；另外，技术寻求型对外直接投资与资源寻求型对外直接投资有类似之处，但在投资区位上有很大差异，即技术寻求型对外直接投资主要集中在知识资源丰裕的发达国家。邓宁（2001）认为，跨国公司通过对外直接投资获得东道国消费者、上下游供应商以及人力资本、研发体系所带来的技术溢出，这种跨边界的知识资产流动成为跨国投资领域的新趋势。

国内学者基于中国企业"走出去"的实践，对技术寻求型对外直接投资的内在机理进行阐释。冼国明、杨锐（1998）认为，发展中国家投资到发达国家，其主要动机在于获取先进的技术或管理经验，从而提升技术累积的速度；技术寻求型对外直接投资的主要目的在于获取技术等中间产品，而不在于生产最终产品，因此短期内投资可能会发生亏损；但长期来看，技术寻求型对外直接投资有利于发展中国家企业实现技术跨越。杜群阳、朱勤（2004）认为，发展中国家企业开展技术寻求型对外直接投资需要具备三种优势：一是企业在国内市场中具有领先其他企业的经营优势；二是企业自身具有较好的技术吸收能力，这样才能在开展跨国投资的过程中有效学习东道国的先进技术与经验；三是东道国在特定行业领域具有丰富的技术资源。杜群阳（2006）归纳总结了中国技术寻求型对外直接投资的特征，包括投资步伐加快；投资类型由与东道国企业合资转向独资经营；投资方式从绿地投资转向跨国并购；投资领域主要集中在电器、通信、IT、汽车、电子等领域；投资区位则集中在北美、欧洲等发达国家或地区。吴先明（2007）则认为，跨国公司的所有权优势既可以来自其专有资产，也可以来自通过对外直接投资获取东道国企业的互补性资产；而试图通过对外直接投资获取特定优势的企业会投资于创造性资产丰富的国家或地区，以获取并充分利用所需资产。曾剑云等（2008）通过构建寡头古诺模型，并引入企业的研发活动，基于交换威胁战略论证了无技术优势企业开展 OFDI 的可能性。茹玉骢（2004）认为，产品和技术更迭速度加快以及技术外溢的空间约束等因素促进企业开展技术寻求型对外直接投资，但同时企业开展技术寻求型对外直接投资需要具备一定的技术吸收能力和构建网络的联系能力。

  部分学者通过案例研究分析了中国企业开展技术寻求型对外直接投资的进入模式、区位分布以及治理结构等特点。周伟、王强（2005）构建中国技术寻求型对外直接投资企业的竞争力衡量指标，主要包括技术能力、组织管理能力和财务管理能力三个方面。白洁（2009）探讨了企业通过技术寻求型对外直接投资获取先进技术初始产权的路径，并通过对比分析和案例分析，说明技术寻求型对外直接投资是中国企业在原创性技术创新能力不足的状态下实现开放式创新的一种现实选择。薛琴和申俊喜（2015）通过对吉利并购沃尔沃的案例分析，研究了技术寻求型对外直接投资人力资源融合的演化过程，其结论显示企业开展技术寻求型对外直接投资应实施人才本土化管理，通过留住人才、激励人才与培养人才实现逆向技术溢出。申俊喜和陈甜（2017）借助华为和吉利两个典型案例，考察了在东道国管制约束和企业国际化经营前提下技术寻求型对外直接投资的进入模式决策，结论显示：在东道国行业管制程度高而企业自身国际化经营欠缺的情况下，企业适合选择绿地投资方式进入东道国市场；而如果东道国行业管制程度低但企业国际化经验程度高，企业适合选择跨国并购方式；当东道国管制程度和企业国际化经验均较高或较低时，企业应采取合资新建的进入模式。王昶等（2017）通过对时代电气并购 Dynex 的案例研究发现，技术寻求型跨国并购经历技术寻求、技术转移和技术升级三个阶段，公司总部扮演了战略、协调、控制和行政等角色，不同阶段的角色类型和功能侧重点存在差异，这种角色演化是由其面临的问题和所掌握的资源、能力决定的。金鹿（2018）基于动态能力视角提出"高层管理者认知—组织内部因素—外部环境因素"的选择分析框架，通过对康希诺生物、鹦鹉乐器和天津药业三家企业进行跨案例研究，识别高管团队国际化经验、技术寻求类型、企业规模和产业变革程度四个影响进入模式的关键因素；结论认为，高管团队国际化经验丰富的企业倾向于决策与控制程度高的进入模式，技术寻求类型的差异影响进入模式的选择，而企业规模对进入模式的影响是无差异的，所属产业变革程度高的企业倾向于组织弹性大的进入模式。李童（2019）从中国对外直接投资的现状出发，以中美贸易摩擦为背景分析中国企业技术寻求型对外直接投资当下面临的困境，研究认为：在中美贸易摩擦的背景下，面对美国对中国发展进程的阻挠，中国一方面保持良好的双边关系，推进中美双边投资协议的谈判进程，为中国企业赴美 OFDI 构建良好的制度环境；另一方面，中国企业赴美进行技术寻求型逆向投资时，除了需要谨慎选择投资行业，更重要的是提高自主创新力，掌握核心技术。

综上所述，技术寻求型对外直接投资研究集中于两个方面：一是在传统垄断优势论的基础上，通过构建博弈模型等方法探讨技术寻求型对外直接投资的动机、内在可行性以及原因；二是结合跨国公司投资新趋势，通过数理分析、案例分析等证实技术寻求型对外直接投资的存在以及投资特征。而基于研发全球化和投资贸易保护主义抬头等国际背景探讨技术寻求型对外直接投资的新趋势、新特点成为该领域研究的热点。

二 逆向技术溢出与母国技术进步

逆向技术溢出效应的研究是对技术寻求型对外直接投资的一个重要拓展。围绕逆向技术溢出效应的测度以及影响因素等主题，国内外学者从宏观层面、产业或省域层面展开实证检验。

Kogut 和 Chang（1991）认为，跨国公司对外直接投资的重要原因是获取逆向技术溢出以提高企业全要素生产率。Lichtenberg 和 Potterie（2001）以 1971—1990 年美国、日本和德国等 13 个国家为样本，通过实证分析验证了对外直接投资作为国际技术溢出的重要渠道，对母国技术进步起到推动作用。Driffield 和 Love（2003）采用 1984—1992 年英国制造业数据，对不同类型的外商直接投资对英国全要素生产率的影响进行了实证分析，结论显示技术获取型对外直接投资对英国全要素生产率产生不利影响，从而间接证实了英国国内行业对国外跨国企业的技术溢出是存在的。Driffield 和 Chiang（2009）利用 1978—1994 年英国产业层面数据证实了对外直接投资能够促进英国企业技术水平和生产效率的提高。Pradhan 和 Singh（2009）利用印度汽车产业的数据，证实了企业无论是在发达国家还是在发展中国家开展对外直接投资，均能够带动本国生产率的提升。而 Bitzer 和 Gorg（2009）的研究结论则相反，他们利用 17 个 OECD 成员的产业数据实证研究发现对外直接投资对生产率起到负向作用,而且不同成员之间存在明显的差异。

国内较早开展对外直接投资的逆向技术溢出效应存在性检验研究的是赵伟、古广东和何元庆(2006)发表在《管理世界》的《外向FDI与中国技术进步：机理分析与尝试性实证》一文,该文通过对外直接投资流量与全要素生产率变化之间相关性的考察,认为中国企业的外向对外直接投资历史不长,但规模已经不小,这种OFDI对我国技术进步的影响也已开始显现。随后,王英和刘思峰(2008)、刘明霞和王学军(2009)等学者通过实证检验,认为对外直接投资产生的逆向技术溢出效应不明显。白洁(2009)认为,逆向技术溢出效应不显著的原因可能在于：现有统计数据对投资规模的低估；技术寻求型OFDI所占比例较小；海外投资产业集中在技术密集度低的行业。随着我国技术寻求型对外直接投资逐年增多,实证研究的时间跨度加长,李梅和柳士昌(2012)、尹东东和张建清(2016)、陈强等(2016)等众多学者得出较为一致的结论,即对外直接投资产生积极的逆向技术溢出效应。

基于省域层面的研究学者得出较为一致的结论,即中国对外直接投资的逆向技术溢出效应及影响因素均存在区域差异。部分学者认为,东部地区对外直接投资的逆向技术溢出效应明显,中部地区次之,而西部地区对外直接投资的逆向技术溢出效应不明显。刘明霞和王学军(2009)认为,中国不同省份对外直接投资的逆向技术溢出效应存在明显差异,吸收能力成为影响逆向技术溢出的重要因素。李梅和金照林(2011)利用2003—2008年中国省际面板数据,研究了人力资本吸收能力对OFDI逆向技术溢出效应的影响,结论显示,东部地区和中部地区OFDI逆向技术溢出效应显著,而西部地区OFDI逆向技术溢出效应不显著。沙文兵(2012)同样利用省际面板数据,研究了OFDI逆向技术溢出效应对国内创新能力的影响,结果显示OFDI逆向技术溢出对专利授权量产生正向作用；从区域差异来看,东部地区OFDI逆向技术溢出对区域创新能力作用最大,其次是中部地区,而西部地区 OFDI 逆向技术溢出对区域创新能力的作用并不显著。从上述实证研究结论可以看出,东部地区技术发展水平较高,对外直接投资的逆向技术溢出效应显著为正,而中西部地区技术发展水平较低,对外直接投资的逆向技术溢出效应可能不显著或为负值。

围绕产业层面的研究则聚焦在逆向技术溢出效应对全球价值链的影响。刘斌、王杰和魏倩(2015)运用世界投入产出表数据,实证检验了对外直接投资的"价值链升级效应",结果显示:OFDI 显著提升了中国企业在全球价值链的地位;具有多分支机构和研发型 OFDI 更有利于企业价值链升级;到发达国家投资更有利于企业的产品升级,而到发展中国家投资更有利于企业的功能升级。杨连星和罗玉辉(2017)利用行业层面和国家层面数据,考察了对外直接投资逆向技术溢出效应对中国全球价值链的作用,研究发现:无论是行业层面还是国家层面,OFDI 逆向技术溢出效应对中国全球价值链升级均产生显著的正向作用;分行业检验结果显示,技术密集型行业的逆向技术溢出效应对全球价值链升级的作用并不显著;另外,行业全要素生产率和贸易规模对全球价值链升级产生积极作用。

综上所述,研究方法上,众多学者对逆向技术溢出效应的检验主要采用的是 Lichtenberg 等(2001)的国际 R&D 模型,将全要素生产率(TFP)作为被解释变量,分析包括对外直接投资在内的国际知识溢出渠道对全要素生产率的影响,从而证明对外直接投资是否产生逆向技术溢出效应。研究视角上,现有文献主要集中在逆向技术溢出效应的存在性检验以及区域差异研究等方面,基于全球价值链视角的研究成为该领域研究的新热点。

三 逆向技术溢出效应的影响因素

学者通过建立模型,实证检验人力资本、研发投入、技术差距、制度环境、金融发展等因素对逆向技术溢出效应的影响,结论不一而论。

欧阳艳艳（2009）通过实证检验认为东道国的国内生产总值、人均国民收入和研发资本存量是影响中国对外直接投资逆向技术溢出效应的重要因素。李梅和金照林（2011）、白洁（2011）、陈岩（2011）、鲁万波等（2015）、沙文兵和李莹（2018）等学者通过实证检验得出较为一致的结论，即OFDI逆向技术溢出效应受我国技术吸收能力的制约。李梅和柳士昌（2012）建立门槛回归模型，从R&D强度、人力资本、经济发展、技术差距、金融发展和对外开放程度六个方面测算了促进OFDI逆向技术溢出效应的门槛水平。韩玉军和王丽（2015）通过实证分析认为，技术差距、东道国研发支出、全要素生产率、人力资本、技术创新能力、制度环境等因素对OFDI逆向技术溢出效应产生正向作用。

部分学者认为OFDI规模、技术差距等因素是对外投资逆向技术溢出效应存在区域差异的主要原因。沈能和赵增耀（2013）采用非线性门槛模型和中国2003—2009年省际面板数据，考察OFDI的逆向技术溢出效应以及影响因素，结论显示：OFDI逆向技术溢出效应存在显著的地区差异，这种差异主要来自OFDI规模和技术差距。尹建华和周鑫悦（2014）同样运用中国省际面板数据实证检验了技术差距对OFDI逆向技术溢出效应的影响，结论显示：技术差距对OFDI逆向技术溢出的作用存在两个阈值，高技术差距区域的OFDI逆向技术溢出效应起到显著的正向作用，而在中技术差距区域OFDI逆向技术溢出效应则起到显著的负向作用。尹东东和张建清（2016）从区域差异角度考察了影响OFDI逆向技术溢出效应的综合因素，包括对外开放程度、研发投入、经济发展水平、基础设施、人力资本、金融发展规模等，结论显示：东部地区的研发投入、基础设施、对外开放程度和金融发展规模对OFDI逆向技术溢出效应起到积极作用；中部地区的基础设施、对外开放程度和金融发展规模对OFDI逆向技术溢出效应起到正向作用；西部地区的金融发展规模及其效率对OFDI逆向技术溢出效应发挥积极作用。

综上所述，现有研究主要集中在技术寻求型对外直接投资动机、逆向技术溢出效应的内在机理，OFDI逆向技术溢出的存在性检验、影响因素、区域差异等方面，对于新兴市场国家企业国际化经营具有重要的启示意义。

第二节 企业异质性与微观主体对外直接投资研究

利用企业异质性理论来解释企业对外直接投资行为是国际投资领域的研究前沿和热点之一。完全竞争市场结构下假定所有企业是同质的，强调企业竞争优势的外生性。但企业超额利润的来源是企业内部资源禀赋的差异，而不是来自外在市场结构特征（Rumelt，1984）。Langlois（1995）提出企业异质性假定是从企业内生性角度阐释微观主体在生产经营以及竞争优势来源等方面的差异。新—新贸易理论将异质性假定融入企业国际贸易与投资行为研究，为跨国公司理论提供了一个全新的分析框架。

一 企业异质性与对外直接投资决策

异质性理论放松了传统贸易理论中关于企业同质性的假设，从微观层面对企业国际生产方式进行了更加细致的解释。生产率是衡量企业异质性的一个最主要变量，因而诸多文献围绕企业生产率与出口、对外直接投资之间的抉择展开研究。

最早将异质性纳入国际贸易分析框架的是Melitz（2003）和Bernard（2003）等学者。Melitz（2003）构建垄断竞争模型，在企业异质性假设的基础上分析企业生产率差异与出口固定成本之间的关系，结论显示：生产率最高的企业有能力开展出口贸易，生产率次之的企业只能在国内市场开展贸易，而生产率最低的企业只能逐渐退出国内市场。Bernard等（2003）在不完全竞争和企业异质性的假定下，构建了一个企业出口决策动态模型,并通过美国贸易数据证实了出口决策受企业的生产率和规模的影响,即生产率越高、规模越大的企业越倾向于开展出口贸易。

Helpman 等（2004）在 Melitz（2003）模型的基础上,将企业异质性假定引入"临近—集中权衡"分析框架,在垄断竞争市场条件下以及 CES（Constant Elasticity Substitution）效用函数和冰山贸易成本的假设下,首次从企业异质性角度解释了企业在出口贸易与水平型对外直接投资之间的行为决策,结论认为生产率最高的企业选择直接投资,次之的企业选择出口,而生产率最低的企业选择服务国内市场或退出市场,并通过美国企业的微观数据验证了该结论。

随着异质性企业理论在国际投资领域的应用,国内外学者从微观层面展开深入研究,该方向成为近年来跨国投资领域的前沿领域。Bernard 和 Jensen（2007）、Bernard 等（2010）等学者利用美国企业层面数据,证实开展对外直接投资的企业具有相对较高的生产率。Yeaple（2009）发现,美国企业对外投资行为不仅受生产率的影响,而且受东道国发展水平、距离以及文化等因素的影响。Head 和 Ries（2003）利用日本微观企业数据同样发现在不同收入水平的国家开展投资的企业,其生产率同样存在差异,生产率高的企业往往到高收入水平国家开展投资,生产率相对较低的企业往往到低收入国家开展投资。Eaton 等（2004）利用法国微观企业的数据,实证检验了生产率越高的企业越可能开展出口贸易和跨国投资。Girma 等（2004）利用英国企业层面数据验证了对外直接投资企业比出口企业的生产率更高。Mayer 和 Ottaviano（2007）认为,欧盟开展出口贸易和对外投资的企业,其生产率要远高于只在国内生产的企业。Castellani 和 Navaretti（2004）研究认为,开展对外直接投资企业的生产率要高于出口企业,但由于资本与劳动的报酬可能存在差异,出口企业与 OFDI 企业间的生产率差异可能不存在,甚至会出现出口企业的生产率高于 OFDI 企业的现象,这说明行业内企业生产率异质性并不是一成不变的。而

Buch 等（2014）从融资约束视角发现，德国生产率高的企业开展跨国投资受到融资约束的影响要大于生产率低的企业。

上述研究主要是针对发达国家企业对外直接投资行为的考察，那么新兴市场国家企业对外投资行为的决定因素有哪些？Damijan 等（2007）利用斯洛文尼亚企业层面数据进行实证检验，结论和上述发达国家企业相一致，即开展对外直接投资的企业生产率最高，出口贸易企业次之，而只在国内生产和贸易的企业生产率最低。Aw 和 Lee（2008）、Ryuhei 和 Takashi（2012）分析中国台湾地区企业得出同样的结论，同时还发现企业在不同收入水平国家开展投资其生产率呈现异质性。随着数据可获得性增强，针对中国企业层面的研究逐渐增多。田巍和余淼杰（2012）通过采用浙江省制造业企业生产和对外直接投资的企业层面数据，考察了企业生产率及其直接对外投资的关系，研究认为，生产率越高的企业对外直接投资的概率越大；生产率越高的企业对外直接投资的量越大；而目的国的收入水平高低对企业投资与否的决定没有显著的影响。朱荃和张天华（2015）利用中国 2006—2012 年 A 股上市工业企业样本，考察生产率对对外直接投资的影响，结果发现，生产率对资源类对外直接投资及国有和有政治关联企业的对外直接投资并无显著性影响；而对贸易型、制造型、研发型对外直接投资及劳动密集型企业、投向低收入东道国的企业而言，生产率均显著正向影响企业进行对外直接投资的可能性。蒋冠宏（2015）利用中国工业企业数据，验证了企业生产率越高越有可能对外投资；同时还发现，与投资中低收入国家或地区相比，投资高收入国家或地区的企业生产率不一定高；有效率的企业不一定进行市场寻求型投资，但有可能进行技术研发类投资；对外投资的国有企业可能不比其他类型的对外投资企业生产率更高；如果目的国是中低收入国家，投资目的国越多企业生产率不一定越高。除了以制造业企业为考察对象，部分学者利用服务业企业数据进行实证检验。陈景华（2014）利用服务业企业数据，验证了全要素生产率是服务业企业对外直接投资的重要原因，异质性企业贸易理论适用于对服务业企业的研究；另外，服务业跨国公司存在与制造业跨国公司相同的特征，企业规模越大，跨国经验越丰富，对外直接投资的规模也越大。李磊等（2017）同样考察了中国服务业企业对外直接投资的决定因素，结果表明，企业生产率、人力资本、资本密集度和企业年龄与服务业企业"走出去"具有显著正向关系。

另外，部分学者从非生产率视角考察了影响企业对外直接投资的异质性因素。葛顺奇和罗伟（2013）综合分析了中国跨国企业的竞争优势对企业OFDI决策的影响，研究发现：资本密集度、利润率、新产品占比、人均管理成本、出口强度等体现跨国公司竞争优势的因素对OFDI决策起到积极作用，债务利息率等反映竞争劣势的因素对OFDI决策起到负向作用。刘莉亚等（2015）建立OFDI动态决策模型，从企业融资约束视角考察了中国上市企业对外直接投资决策的影响因素，研究表明：融资约束对中国企业的对外直接投资决策产生显著负向作用，融资约束程度越高的企业开展对外直接投资的可能性越低，特别是外源融资依赖度高的行业尤为显著。李磊和包群（2015）则从信贷融资的视角考察了中国工业企业OFDI决策的影响因素，结论显示：信贷融资对中国工业企业OFDI决策发挥积极作用，融资能力越强的企业开展对外直接投资的可能性越高，而且企业越倾向于在多个国家或地区开展多次对外直接投资；与国有企业相比，融资支持对民营企业的对外直接投资作用更大；在融资依赖度低的行业中，融资能力对中国工业企业对外直接投资的影响大。杨栋旭和张先锋（2018）利用2007—2014年中国A股上市公司数据，考察了管理者异质性对企业对外直接投资决策的影响，结果表明：管理者的海外背景和工作绩效激励对企业OFDI决策的作用显著为正，教育背景和财经类专业背景对企业OFDI决策的作用显著为负，政治背景对企业OFDI决策的作用未通过显著性检验；分样本检验结果显示，管理者异质性对企业OFDI决策的影响，因企业所有制性质、所在行业领域、企业融资能力等差异而不同。

综上所述，现有文献表明，无论是发达国家企业还是新兴市场国家企业，其开展对外直接投资与自身生产率、融资约束、企业规模等异质性因素密切相关。

二 企业异质性与对外直接投资模式

随着研究的深入，异质性理论研究进一步拓展到企业生产率与对外直接投资模式之间的关系探讨。从针对发达国家企业的相关文献来看，生产率对企业对外直接投资模式的影响结论不尽一致。Nocke 和 Yeaple（2007）将行业差异性纳入分析框架，认为对于异质性主要体现在可流动能力（Mobile Capabilities）的行业，生产率高的企业更有可能开展跨国并购，而生产率低的企业更有可能开展绿地投资；相反，对于异质性主要体现在不可流动能力（Non-Mobile Capabilities）的企业，生产率高的企业会选择绿地投资，而生产率低的企业则选择跨国并购。可能的解释是，如果企业异质性来源可流动性强，那么最有效率的公司跨国并购国外具有特定生产优势的企业，与其特有的知识、技术等可流动资产形成互补。如果企业潜在生产力优势的可流动性较低，最有效率的公司不会付出高昂的成本来获取当地公司的知识资产，因为其生产率优势足以弥补其在国外市场的低效。Nocke 和 Yeaple（2008）通过将美国跨国公司按生产率分为"高""中""低"三组，发现生产率最高的企业倾向选择绿地投资而非跨国并购。Raff 等（2009）利用日本企业的数据，研究了企业在国际贸易和对外投资间的一系列决策。结果显示，生产率高，企业更倾向选择对外直接投资而不是出口贸易，更倾向选择绿地投资而不是跨国并购，更倾向选择独资而非合资经营。而且，无论是在全资子公司还是合资企业中的绿地投资企业，其平均生产率都比选择并购的企业高，规模也更大。Trax（2011）利用英国企业数据对 Nocke 和 Yeaple（2007）的观点进行验证。结论显示：在无形资产占比高的行业，跨国并购交易涉及生产率最高的企业，在其他行业跨国并购企业则是生产率最低的企业。Spearot（2012）在非常用替代弹性函数（Non-CES）需求分析框架下进行研究，发现异质性企业在不同需求弹性下有不同的投资动机。高生产率企业往往在通过资本投资提高生产率方面赚得很少，因为它们已经在收益最大化的临界点附近生产了产品。低生产率的公司也很少从投资中获利，因为其生产率本来就很低，任何收益都是微乎其微的。相反，中等生产率的公司有最大的动机开展额外投资。模型分析结果认为，所有的投资行为在生产率的中间区域达到一种均衡，在这一区域内生产率最高的企业选择并购而非绿地投资。利用北美工业企业数据库的研究验证了中等生产率的企业对外投资额最高，随着生产率的提高，企业跨国并购额占对外投资额的比重也在提升。Stepanok（2015）构建了国际贸易和对外直接投资模型，设定企业进入国际市场面临两个生产率阈值，一个是将出口商与并购企业区分开，另一个是将并购和绿地投资企业区分开。在垄断竞争环境下，跨国并购的主要动机是提高效率、转让技术和管理知识，在企业生产率异质性前提下，生产率最高的企业开展绿地投资而非跨国并购。特别是在考虑冰山运输成本的情况下，较低的贸易可变成本使绿地投资和跨国并购之间的生产率门槛更为严格。

近年来，国内学者通过微观数据，考察了企业生产率对投资模式的影响。蒋冠宏和蒋殿春（2017）借助2003—2009年中国工业企业数据，考察了企业异质性因素对OFDI进入方式的影响，结论显示：生产率、资本密集度、研发密度、企业规模、流动资产比重等因素对企业选择跨国并购的进入方式起到正向作用；出口贸易水平越高的企业越有可能开展绿地投资。周茂等（2015）同样利用商务部提供的《境外投资企业（机构）名录》和工业企业数据库进行匹配，实证检验了生产率对中国企业对外直接投资进入模式的影响，结论显示：生产率越高的企业在开展对外直接投资时选择并购方式的可能性越大；生产率对境外投资模式的作用受到母公司所在行业知识资产流动性的影响；另外，管理能力越强的企业选择跨国并购的概率越大，而企业研发能力对OFDI进入模式的作用并不显著。杨波和张佳琦（2017）采用1993—2015年955家A股上市公司共计1912起对外投资数据，建立二元Logit回归模型进行实证检验，结果显示：生产率低的对外直接投资企业，选择跨国并购进入方式的可能性大，生产率较高的企业更有可能选择绿地投资的进入方式；企业所有权性质、企业规模、企业财务状况及资本密集度等企业异质性因素也会对海外并购决策产生显著影响，其中资产规模较大、负债率较低、资本密集度较高的国有企业做出海外并购决策的可能性较大。

上述针对国内企业层面的研究结论不尽一致，其重要原因在于研究对象以及衡量生产率的指标选取存在差异。蒋冠宏和蒋殿春（2015）、周茂等（2015）等利用中国工业企业数据库数据，而杨波和张佳琦（2017）利用中国上市公司数据，两类统计对象呈现的企业经营状况与对外直接投资特征可能存在差异；蒋冠宏和蒋殿春（2015）、周茂等（2015）等采用OP方法估算企业全要素生产率，而杨波和张佳琦（2017）采用劳动生产率替代TFP，核心变量估算方法的不同可能导致估计结果偏差。

部分学者从企业所有制性质、治理结构等非生产率异质性视角对企业投资模式的影响因素展开研究。Zhao和Decker（2004）构建中小企业对外直接投资进入模式决策模型，研究发现：决策者风险厌恶程度越高的企业，选择独资形式的可能性越小；随着决策者风险厌恶程度降低，企业在东道国合资子公司的股权比重上升；东道国经营风险越大，企业在子公司中所占股权比重越低；企业在东道国的经营利润越高或者东道国市场越有吸引力，越倾向于在合资企业中拥有较高的股权比重。Cieslik和Ryan（2009）则考察了开展国际化经营的企业在出口、独资公司与合资公司上的决策影响因素，结论显示：设立独资公司的企业生产率最高，其次是合资公司，而出口公司次之，生产率最低的是只服务国内市场的公司。从国内相关文献来看，企业对外直接投资模式受到研发强度、技术差距等因素的影响。周经和蔡冬青（2014）对2002—2011年中国70家企业对外投资数据进行检验，结果显示研发强度对中国企业选择新建投资模式有显著的正面影响。林莎等（2014）通过实证分析得出选择跨国并购的企业往往具有以下特征：一是具有丰富的海外投资经验；二是以市场寻求为动机；三是在对外直接投资过程中倾向于获取绝对的控制权；四是往往到大陆法系的国家开展对外直接投资。皮建才等（2016）构建一个两阶段动态博弈模型，分析民营企业逆向并购与绿地投资两种模式选择，结果表明：当国内企业与国外企业技术差距较大时，国内企业选择跨国并购的概率更高；当国内企业与国外企业技术差距较小时，国内企业选择绿地投资的可能性更大。吕萍和郭晨曦（2015）基于中国上市公司对欧盟主要发达国家对外直接投资的数据，研究治理结构对企业海外市场进入模式决策的影响机制，结果表明：国有股权、监事会规模对企业选择绿地投资的可能性起到正向作用；高管报酬总额比例对企业选择绿地投资的可能性起到负向作用；而独立董事比例越高的企业选择合资的概率越大。

综上所述，无论是发达国家还是新兴市场国家，生产率对企业对外直接投资模式的影响结论不尽一致。另外，除了生产率这一体现企业异质性的核心因素，所有制性质、治理结构、国际化经验、技术差距以及研发强度等因素同样影响企业对外直接投资模式。

三　企业异质性与对外直接投资绩效

企业对外直接投资是否促进企业生产率的提高或是经营绩效的改善？围绕这一主题的研究主要集中在以下几个方面。

一是对外直接投资对企业生产率的影响。Braconier和Ekholm（2001）利用瑞典企业层面的数据证实了对外直接投资对跨国公司生产率没有产生显著影响，研发支出和资本—劳动比率是影响跨国公司劳动生产率的重要因素。其原因可能在于瑞典作为世界上 R&D 支出经费高的国家，属于世界技术的领先者，因此，从外部获得的技术溢出相对较少。Yang 等（2013）借助 1987—2000 年中国台湾地区制造业企业数据，实证研究发现 OFDI 对企业技术效率的提升起到正向作用。蒋冠宏和蒋殿春（2014）采用 2004—2006 年中国工业企业数据库，通过倍差法验证了企业对外直接投资显著提高了企业生产率，但提升作用随着时间推移而下降。肖慧敏和刘辉煌（2014）利用 2005—2011 年微观层面的数据，采用倾向得分匹配方法估计 OFDI 对企业生产效率和技术效率的影响，结论显示，中国企业通过开展对外直接投资显著提高了自身的技术效率；在发达国家开展对外直接投资的企业比在发展中国家开展对外直接投资的企业获得的技术效率改进更大；与国有企业相比，开展对外直接投资的民营企业具有更强的学习能力。刘晓丹和衣长军（2017）基于中国工业企业数据库与《境外投资企业（机构）名录》合并微观数据，运用倾向得分匹配方法系统地评估 2006—2010 年中国企业 OFDI 对其绩效的影响，并探讨了异质性 OFDI 对企业绩效的影响，研究发现 OFDI 能够显著提高企业的经营绩效和生产效率，而且 OFDI 绩效具有滞后性；另外，东道国经济发展水平、制度环境和文化距离影响企业 OFDI 绩效。

二是对外直接投资对企业技术创新的影响。毛其淋和许家云（2014）利用 2004—2009 年微观层面数据，采用倾向得分匹配方法评估了 OFDI 对中国企业技术创新的影响，结论显示：OFDI 与企业创新之间存在显著的因果效应，OFDI 对企业创新的促进作用具有持续性，并逐年递增；OFDI 在总体上显著延长了企业创新的持续期，但不同类型 OFDI 在创新持续期方面存在显著差异。袁东等（2015）基于 2002—2008 年中国制造业企业数据和对外直接投资的数据，考察了对外直接投资对母公司企业生产率的影响并着重考察了母公司特征和子公司进入策略在其中的作用。结论显示：总体而言企业生产率确实能够从对外直接投资中获益，从首次进行对外直接投资后一年开始其生产率会显著高于无对外投资的企业；对于吸收能力强的企业，其生产率提升效应从投资当年就开始显著，且这种生产率效应对非国有企业更加明显；投资到 OECD 国家的企业生产率获益会高于投资到非 OECD 国家的企业生产率；绿地投资能显著提高企业生产率，而跨国收购使得母公司面临的挑战更大，但同时也能带来更大的生产率效应。叶娇和赵云鹏（2016）利用 2005—2007 年工业企业数据，采用倾向得分匹配（PSM）方法考察 OFDI 对中国企业技术水平的影响，结论显示：中国企业 OFDI 显著提高了企业全要素生产率，即对外直接投资的逆向技术溢出效应显著为正；对外直接投资的逆向技术溢出效应因行业和地区不同而存在差异；R&D 投入和利润率对逆向技术溢出效应具有显著的正向作用。陈晔婷等（2016）使用 2010—2014 年的上市公司数据，采用合成控制法评估了科技型企业 OFDI 对其研发效率的作用，结果显示，科技型企业开展 OFDI 能够提升自身研发效率，而且在发达国家开展对外直接投资，OFDI 对其研发效率的作用更加显著。赵宸宇和李雪松（2017）运用 2010—2014 年中国上市公司与商务部《境外投资企业（机构）名录》匹配后的数据，基于内生转换回归（ESR）模型和边际处理效应（MTE）的参数估计方法，估计了企业反事实专利数量，在考虑了异质性效应的基础上估计了对外直接投资对中国企业技术创新的影响，结果表明：OFDI 对中国上市公司的技术创新能力产生正向作用；越倾向于开展对外直接投资的企业，OFDI 对企业专利量的边际处理效应越高；不具备比较优势的企业如果进行对外直接投资，可能会对企业专利量带来负向作用；综合型 OFDI 企业、国有企业以及到发达国家或地区开展投资的企业，OFDI 对其创新能力的作用更为显著。冼国明和明秀南（2018）利用 2008—2015 年上市公司海外并购交易数据和企业专利数据库，采用倾向得分匹配和非线性双重差分法考察了跨国并购对企业自主创新的影响，结果显示，跨国并购对企业自主创新产生正向作用，但这种效应呈现逐年下降的趋势；从不同专利类型来看，跨国并购对企业的发明专利、实用新型专利及发明授权数产生显著的正向作用,但对外观专利的作用不显著,这说明跨国并购对企业创新产出的数量和质量均有显著的正向作用。高厚宾和吴先明(2018)考察了政治关联对跨国并购与创新绩效的调节作用,结果显示:跨国并购对企业创新绩效起负向作用,但技术获取型跨国并购则对企业创新绩效产生显著的正向作用;政治关联对跨国并购产生的创新绩效起负向的调节作用。

三是对外直接投资对企业经营绩效的影响。张先锋等(2017)利用 2002—2008 年中国工业企业数据库和 PSM-DID 方法,考察企业对外直接投资对融资约束是否具有缓解作用,研究结果表明:融资约束对中国工业企业 OFDI 产生负向作用,即融资能力强的企业,更有可能开展对外直接投资;开展对外直接投资能够直接缓解企业的融资约束,同时可以通过"生产率效应"和"出口效应"等间接缓解企业的融资约束,但这种缓解作用具有时滞性;对外直接投资对融资约束的缓解作用与投资东道国的特征相关,在 OECD 国家和非避税地开展对外直接投资的企业,OFDI 对融资约束的缓解作用更加显著。阎虹戎等(2018)利用 2011—2016 年 614 家对外投资的中国制造业上市公司数据,采用倾向得分匹配法和双重差分方法,考察了对外直接投资对母公司员工结构的影响,研究表明,对外直接投资企业的生产人员和非生产人员数量都有所增加且具有滞后性,其中生产人员的数量增长更快,非生产人员数量的增长主要表现为销售、技术和管理人员的增加。孙好雨(2019)使用 2004—2013 年中国企业对外直接投资的数据,在企业层面探究了对外直接投资能否以及如何促进对内投资发展,实证结果显示:在短期内,对外直接投资对企业在国内投资起到显著的正向作用,但长期来看,对外直接投资对企业的国内投资作用并不显著;水平型 OFDI 对企业扩大国内投资的作用较小,而垂直型 OFDI 和生产型 OFDI 对企业扩大国内投资的作用更为显著;对外直接投资提升企业国内投资的作用通过提高企业生产效率和出口额、扩大企业规模等路径来实现；另外，如果东道国税收水平较低、融资更加便利、技术水平较高以及政治清廉，那么对外直接投资对企业扩大国内投资的作用更加显著。

上述研究表明，中国企业对外直接投资的绩效主要体现在提升生产效率、促进技术创新、缓解融资约束以及影响母公司员工结构等方面。研究方法上，为了区分对外直接投资的自我选择效应和学习效应，通常采用倾向得分匹配方法以避免内生性问题。

第三节 制度环境与企业对外直接投资研究

一 东道国制度环境与企业对外直接投资

制度的建立，其目的在于创造良好的市场环境，降低不确定性带来的交易风险，从而保障投资交易的顺利进行（Williamson，1985）。东道国良好的制度环境能够吸引更多资本流入。东道国制度环境对企业投资区位、投资方式以及投资动机等行为决策产生影响。现有文献主要从东道国制度质量、腐败程度以及资本管制等方面考察制度环境对企业对外直接投资行为的影响。

如果东道国制度体系较为完善，企业开展对外直接投资的各项权益能够得到有力保护，相反，如果东道国制度体系不够完善，企业组织开展国际化经营可能面临各种风险。冀相豹（2014）认为，中国OFDI整体具有显著的制度依赖性，而且国有企业的制度依赖性要大于非国有企业；东道国制度因素对中国OFDI的影响存在差异性，其中，发达国家的制度因素对中国对外直接投资产生积极作用，发展中国家的制度因素对中国对外直接投资产生负向作用；中国企业更倾向于到制度差异大的国家或地区投资；作为特殊性制度保护机制的BIT对中国企业到发展中国家开展投资具有显著的正向作用，并对一般性制度因素具有显著的替补作用，但上述效应对于发达国家的BIT则不显著。

王忠诚等（2018）利用2008—2015年中国上市公司数据，考察东道国资本管制对中国企业OFDI二元边际的影响及其机制，研究发现：东道国资本管制放松显著促进了中国企业对外直接投资，原因在于资本管制放松能够降低企业的资本使用成本，有利于企业在东道国融资；当东道国具有较高法治水平和金融发展水平时，资本管制放松对中国企业对外直接投资的促进作用更加显著。

已有的研究表明，东道国的制度环境，包括政府效率、法治水平、廉洁程度等对跨国公司对外直接投资的区位选择产生重要影响（Buckley et al.，2007）。王永钦等（2014）以中国2002—2011年在全球范围内进行的842项对外直接投资作为样本，研究了东道国制度因素对中国企业对外直接投资区位选择的影响，结论显示：中国企业开展OFDI受东道国政府效率、腐败控制、监管质量等因素的影响，东道国的政治制度与政治稳定程度对中国企业OFDI的作用并不显著；中国企业开展对外直接投资具有明显的避税动机以及获取资源的目的。

影响企业对外直接投资方式的主要因素包括东道国腐败、东道国市场规模、政策引导等。Byun等（2012）认为，东道国宏观经济因素、人均GDP和政策稳定性等对企业的绿地投资与跨国并购模式选择产生显著作用。腐败是衡量一国制度质量的重要指标，东道国腐败增加跨国公司投资风险，因此，腐败成为跨国公司开展投资决策的重要考量因素。部分学者通过实证分析，考察了东道国腐败对跨国公司境外投资方式的影响。Ayca（2012）认为，腐败程度高的国家，企业更倾向于选择跨国并购而不是绿地投资；在东道国腐败的情景下，如果企业拥有较高的流动和不可流动能力，那么更有可能选择绿地投资方式而不是跨国并购，如果企业拥有较高的流动能力和较低的不可流动能力，那么跨国公司更有可能选择跨国并购而不是绿地投资。李善民和李昶（2013）认为，对外直接投资企业更倾向于在工程建设速度快、市场需求波动较大和经济增长迅速的国家或地区开展绿地投资，东道国情况相反则选择跨国并购的进入方式；企业更倾向于根据东道国鼓励的进入模式开展对外直接投资；与绿地投资的子公司相比，企业通过跨国并购进入方式获得的目标企业往往具有更大规模。

二 母国制度环境与企业对外直接投资

随着新兴市场国家对外投资额的急剧上升，制度因素成为解释对外直接投资行为的重要切入点。新兴经济体独特的制度环境影响企业的国际化经营战略。Rugman（2007）首次提出"国家特定优势"（Country Specific Advantages）的概念，其认为母国在产业组织、政策激励等方面的积极干预能够增强跨国公司的国际竞争优势，同时，国家形象、文化优势以及提供的制度保障等对企业开展对外投资起到助推作用。裴长洪和郑文（2011）认为母国为本国企业开展对外直接投资提供基础性条件；由行业、区位、规模等方面形成的国家特定优势是本国企业开展跨国经营的优势来源。中国在经济转型期间，跨国企业对外直接投资既可能来自企业自身具备的优势，也可能来自政策支持等国家层面的因素（Dunning，2004；Rugman & Li，2007；Buckley et al.，2007）。

部分学者通过微观层面数据实证检验了母国制度环境对企业 OFDI 决策的影响。阎大颖等（2009）以 2006—2007 年中国企业对外直接投资的微观数据为样本，验证了政府政策扶植、海外关系资源及自身融资能力对企业对外直接投资的动机和能力有重要影响。冀相豹和葛顺奇（2015）利用中国工业企业数据，从微观企业层面检验了母国制度环境对中国企业对外直接投资的影响，结论显示：中国制度环境对企业开展对外直接投资产生显著的正向作用；制度环境对企业开展对外直接投资的作用因地区差异而有所不同，东部地区制度环境对企业开展对外直接投资的促进作用明显高于中西部地区。

同时，部分学者认为，我国对知识产权保护的缺失、政府管制等因素会导致企业通过对外投资进行制度规避（Witt & Lewin，2007；Deng，2009）。李新春和肖宵（2018）运用中国创业板民营企业 2009—2013

年的面板数据，从制度逃离视角探究制度因素对新兴经济体企业对外直接投资的影响。结论显示：同正式制度一样，非正式制度方面的约束也会驱动新兴经济体企业进行 OFDI；企业政治关联削弱了企业在制度约束下进行 OFDI 的动力；企业创新能力是其在制度约束下成功实现 OFDI、开发国际创业机会的驱动力。

综上所述，由于中国企业并不具备传统的所有权优势，部分学者认为，在经济转型期间，政策支持正成为中国企业对外投资的特定优势。部分学者从母国和东道国间的"制度距离""双边联系"等角度分析，认为母国制度环境对企业投资动机、区位选择等产生积极影响。部分学者从我国对外投资结构严重失衡的制度因素出发，提出应完善我国对外投资政策服务体系，加快构建母国制度优势。归纳起来，作为转型经济体的中国，其制度环境中既有积极的推进因素，也有制度缺失、制度约束等不利于对外投资高效开展的负面影响，不应一概而论。从企业的异质性和制度的差异化角度进行细化研究，可以深入挖掘母国制度环境对微观主体行为的作用机理。

三 制度差距、双边政治联系与企业对外直接投资

国家之间的制度距离是影响跨国公司投资决策与投资绩效的重要因素（Peng & Luo，2000）。Mudambi 和 Navarra（2002）认为，制度距离过大会增加跨国公司境外投资风险，进而提高企业跨国经营成本，因而制度距离可能对企业开展 OFDI 产生负向作用。而双边政治联系作为替代性非制度安排，通过国与国之间建立政治互信、合作共识等为企业开展跨国投资降低风险。

正式制度距离使得 OFDI 企业在开展国际化经营时面临外来者劣势（Xu et al.，2004），而非正式制度距离可能会阻碍母公司与子公司之间的知识转移（Michailova & Hutchings，2006）。针对中国企业层面的实证研究来看，陈岩等（2014）基于中国企业对 43 个国家或地区

2003—2009 年的面板数据的回归分析表明,制度距离对中国企业OFDI产生正向作用,经济、文化距离对中国企业OFDI产生负向作用,技术距离与中国企业OFDI呈现倒"U"形关系。陈怀超等(2014)依据中国178家跨国公司的数据,考察制度距离对企业对外直接投资进入方式的影响,结论显示:制度距离越远,企业越倾向于选择跨国并购而不是绿地投资;制度距离越远,企业越倾向于选择合资经营而不是独资经营;国际经验负向调节制度距离对跨国并购与绿地投资选择的影响;国际经验、社会资本和环境适应能力负向调节制度距离对企业选择合资经营与独资经营的影响。衣长军等(2018)选取中国328家开展对外直接投资的上市公司数据,建立零膨胀负二项回归模型,考察了制度距离和组织学习对对外直接投资企业技术创新绩效的作用,结论显示:正式制度距离对中国对外直接投资企业的创新水平起到显著的正向作用;非正式制度对中国对外直接投资企业的创新水平起到显著的负向作用,探索式学习正向调节这种负效应。袁其刚等(2018)选取2007—2015年中国企业对非洲37个国家直接投资数据,利用FGLS模型检验了东道国政府治理水平与治理距离对OFDI的影响,研究发现:政府治理水平对投资有正向促进作用,而差异较大的治理距离有利于企业对外投资;政府治理水平对市场寻求型OFDI和资源寻求型OFDI产生负向作用;而治理距离对资源寻求型OFDI产生负向作用,对市场寻求型OFDI产生正向作用;企业对非洲直接投资存在明显的区域差异,中高收入国家以及英语语言国家的政府治理水平与企业投资正相关,而治理距离只对中低收入国家投资影响显著。

与发达国家企业相比,新兴市场国家企业在跨国经营能力、技术创新能力以及应对风险等方面仍相对较弱。建立双边政治关系能够降低政治冲突和制度距离带来的经营风险,对提高企业对外直接投资绩效产生积极影响。宗芳宇等(2012)利用2003—2009年中国上市公司OFDI数据,通过实证检验,认为双边投资协定对中国上市公司到BIT签约国开展对外直接投资发挥积极作用;双边投资协定能够弥补东道国制度不完善，而且能够弥补母国制度支持的不均衡性。潘镇和金中坤（2015）利用 2003—2013 年中国在 117 个国家直接投资的数据，考察了双边政治关系和东道国制度风险对中国对外直接投资的机制和效应，研究发现：政治关系和制度风险对中国 OFDI 产生显著的正向作用；政治关系和制度风险的作用在不同收入水平国家之间存在显著差异；在制度风险大的东道国，良好的政治关系作为一种替代性的制度安排，减弱了企业在东道国生产经营的不确定性，能够有效地促进对外直接投资；在制度风险小的东道国，良好的政治关系没有带来对外直接投资的明显增加，更多地起到了对东道国环境的补充作用。杨连星等（2017）利用 2005—2014 年中国企业层面对外直接投资的数据，实证分析发现：友好双边政治关系有助于促进企业对外投资规模、多元化程度和投资成功率的提高，但存在一定的政策工具和行业差异；与长期性的正式外交关系相比，短期性的高层互访和非正式的友好城市交流，对于企业投资规模和多元化程度的促进效应更强，尤其是友好城市交流能够显著提升企业对外投资成功率，而双边政治冲突则对企业投资产生了显著的抑制效应；在不同行业中，对于体现国家战略意图的资源获取型行业，友好双边政治关系具有显著的促进效应，但对于容易遭受双边政治形势冲击的基础设施行业，双边政治关系并未起到一定的促进效应。

第四节　本章小结

新兴市场国家对外直接投资是当前国际经济学领域的重要研究课题。学者从宏观、产业、省域和企业层面考察了中国对外直接投资的逆向技术溢出效应及其影响因素、作用机理等。基于全球价值链视角的研究成为该领域研究的新热点。而随着新—新贸易理论的发展，从企业异质性角度研究微观主体的对外直接投资行为和绩效成为研究的热点领域。近十年来，国内学者围绕企业对外直接投资决策、投资方式、投资区位、投资动机以及投资绩效等主题,做了深入而细致的研究。总体来看,企业生产率、企业规模、融资约束、所有制性质等异质性因素影响企业对外直接投资决策、投资方式以及投资绩效。基于制度观的研究表明,东道国良好的制度环境能够吸引更多外来投资。随着研究的深入,学者基于新兴市场国家特征,围绕母国制度环境和国家之间的制度距离等展开了更深层次的研究。

上述研究成果为本书的研究提供了重要的参考基础。同时,对上述问题的研究也存在可继续开拓之处:一是主题探讨仍需进一步加深。如针对科技型企业对外直接投资决策、投资方式、投资绩效等一系列问题的系统研究尚且欠缺。二是微观层面的实证研究有待加强。政策引导、激励机制应建立在微观主体的制度需求分析、行为选择动态分析的基础上,而母国制度环境对微观主体行为及投资绩效的影响是对外投资研究领域的薄弱环节。

第三章　中国科技型企业对外直接投资现状与特征

本章通过对《境外投资企业（机构）名录》、Wind 上市公司并购重组数据库和国泰安上市公司数据库进行匹配，构建中国科技型企业对外直接投资数据库，涵盖了 2008—2015 年科技型企业对外直接投资区位、投资方式、投资动机、所属省份、所有制结构等信息以及科技型上市公司的财务指标、公司治理指标等数据。通过大样本数据分析，较为全面刻画中国科技型企业对外直接投资的趋势和特征。

第一节　中国科技型企业对外直接投资的结构特征

本章根据商务部公布的《境外投资企业（机构）名录》，手动梳理了 2005—2015 年 40586 条企业境外投资信息，筛选出高技术产业领域的企业作为科技型企业，并逐一按所属省份、境外投资国别等进行分类统计，以较为完整地分析中国科技型企业境外投资的结构特征。

一　中国科技型企业境外投资的总体趋势

中国科技型企业境外投资大致从生产国际化转向研发国际化渐进式发展。初始阶段的主要模式是海外投资建厂、设立分支机构和销售代表处等，其重要目标在于扩大国际市场、降低成本以及避免贸易摩擦。随着科技型企业竞争力不断增强，企业逐步在发达国家设立海外研发中心、设计中心和海外科技园区等以构建全球研发体系。目前，中国科技型企业"走出去"境外投资增速加快。科技型企业境外投资数量由2005年的232家上升至2015年的3296家，增长约13倍。从图3-1中可以看出，科技型企业"走出去"步伐加快，特别是2013年以后，科技型企业开展对外直接投资的数量剧增。

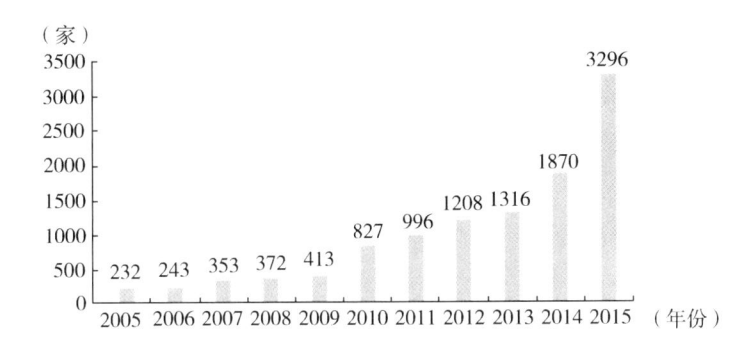

图 3-1　科技型企业境外投资数量

资料来源：根据商务部《境外投资企业（机构）名录》逐条分类统计所得。

根据商务部公布的《境外投资企业（机构）名录》，仅能统计出科技型企业对外投资数量，但缺乏对外投资流量和存量数据。为更好地反映科技型企业对外投资规模和增长态势，本书根据历年中国对外直接投资统计公报中的分行业数据，重点选取科技型企业集中的制造业，科学研究和技术服务业，信息传输、软件和信息技术服务业来进行分析。从商务部公布的《2016年度中国对外直接投资统计公报》来看，2016年制造业，信息传输、软件和信息技术服务业，科学研究和技术服务业对外投资流量同比增长45.34%、174%、26.68%，所占比重分别为14.8%、9.5%和2.2%。制造业对外直接投资流量增速整体波动较大，2010年和2015年投资增长超过两倍，随后又呈现下降趋势。科学研究和技术服务业与制造业对外直接投资趋势较为接近，波动较大。信息传输、软件和信息技术服务业对外直接投资增长趋势较为稳定，特别是2014年以后呈现快速增长趋势（见表3-1和图3-2）。高科技行业对外投资增长趋势的变化受国际经济环境和政治形势、国内产业政策与境外投资引导政策等叠加因素的影响。

表3-1　　2008—2016年制造业，科学研究和技术服务业，
信息传输、软件和信息技术服务业
对外直接投资流量及增速

单位：亿美元，%

年份	制造业		科学研究和技术服务业		信息传输、软件和信息技术服务业	
	流量	增速	流量	增速	流量	增速
2008	176603	—	16681	—	29875	—
2009	224097	26.89	77573	365.00	27813	-6.90
2010	466417	108.13	101886	31.34	50612	82.00
2011	704118	50.96	70658	-30.60	77646	53.40
2012	866741	23.09	147850	109.20	124014	59.70
2013	719715	-16.96	179221	21.22	140088	13.00
2014	958360	33.15	166879	-6.89	316965	126.00
2015	1998629	108.54	334540	100.50	682037	115.00
2016	2904872	45.34	423806	26.68	1866022	174.00

资料来源：商务部公布的历年中国对外直接投资统计公报。

商务部自2016年开始公布制造业境外投资流向的二级类别，涉及高新技术产业领域的汽车制造业、计算机/通信及其他电子设备制造业、专用设备制造业、医药制造业、铁路/船舶/航空航天和其他运输设备制造业、电气机械和器材制造业以及通用设备制造业，境外投资流量分别为47.76亿美元、39.28亿美元、27.3亿美元、15.86亿美元、8.62亿美元、6.91亿美元、4.43亿美元（见图3-3）。

高科技行业成为中国企业跨国并购的重要领域。2016年，制造业

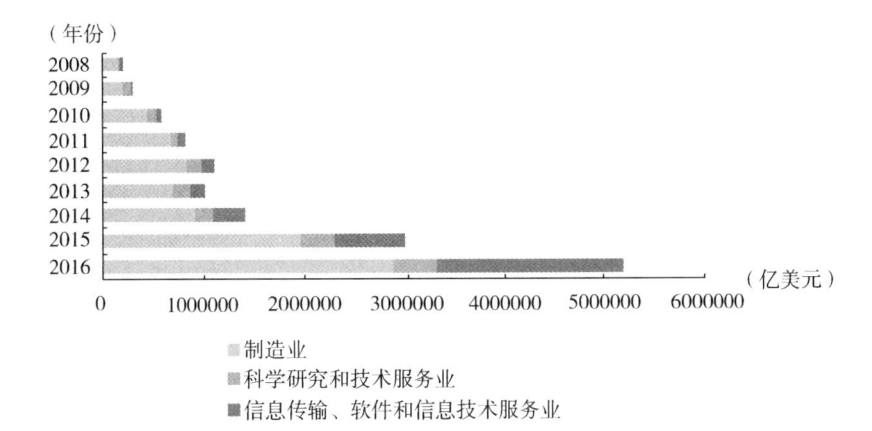

图 3-2 中国科技型企业相关行业领域境外投资额

资料来源：商务部公布的历年中国对外直接投资统计公报。

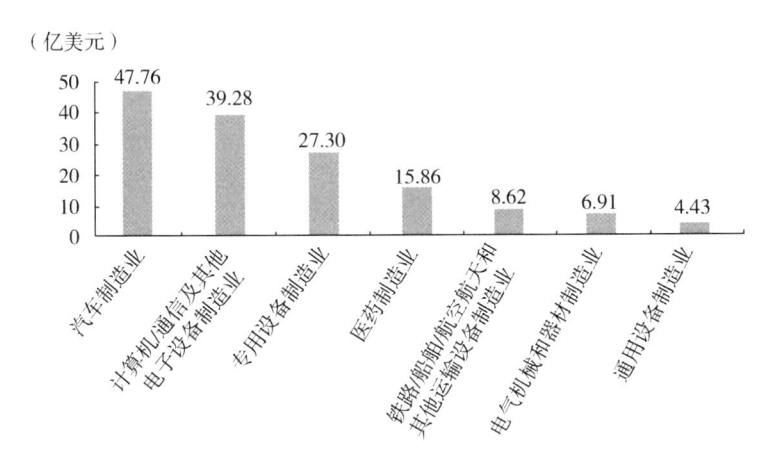

图 3-3 2016 年中国制造业对外直接投资流向的主要二级类别

资料来源：《2016 年度中国对外直接投资统计公报》。

的跨国并购金额达到 301.1 亿美元，同比增长 119.5%，居各行业之首。信息传输、软件和信息技术服务业并购金额达到 264.1 亿美元，同比增长 214%，并购金额位居第二。具体构成见图 3-4。由此可见，高科技行业的跨国并购逐渐成为中国跨国并购的热点领域，这体现了中国科技型企业希望通过全球范围内的知识与技术整合提升自身竞争力的意愿。

制造业，22.3%
其他行业，56.4%
信息传输、软件和信息技术服务业，19.5%
科学研究和技术服务业，1.8%

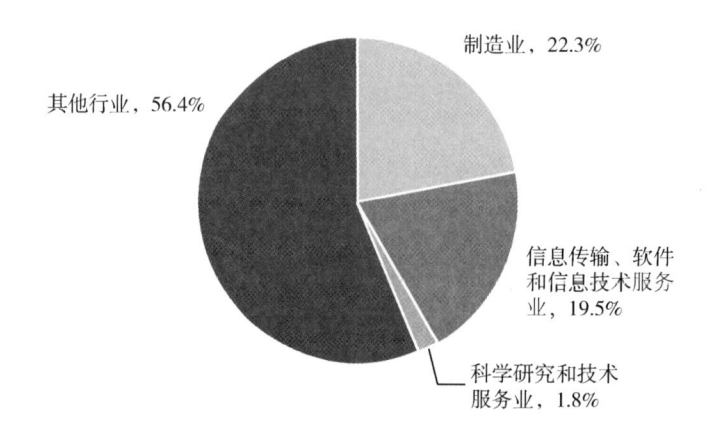

图 3-4　2016 年中国对外投资并购主要行业构成

资料来源：《2016 年度中国对外直接投资统计公报》。

二　中国科技型企业对外直接投资的区位分布

本书根据商务部公布的《境外投资企业（机构）名录》，把 2005—2015 年科技型企业对外投资国别按北美洲、欧洲、亚洲、非洲、大洋洲和拉丁美洲进行分类汇总。结果显示，科技型企业对外投资主要集中在亚洲、北美洲和欧洲。2015 年在亚洲投资的科技型企业数达到 1922 家，占开展境外投资的科技型企业总数的 58.38%；在北美洲投资的科技型企业数达到 764 家，占开展境外投资的科技型企业总数的 23.21%；在欧洲投资的科技型企业数达到 347 家，占开展境外投资的科技型企业总数的 10.54%；在大洋洲、非洲和拉丁美洲开展投资的科技型企业较少，仅占 7.86%（见表 3-2 和图 3-5）。

表 3-2　2005—2015 年中国科技型企业对外直接投资区位分布　　单位：家

年份	北美洲	欧洲	亚洲	非洲	大洋洲	拉丁美洲
2005	45	37	126	11	5	8
2006	41	32	147	14	6	3
2007	57	49	202	28	10	7

续表

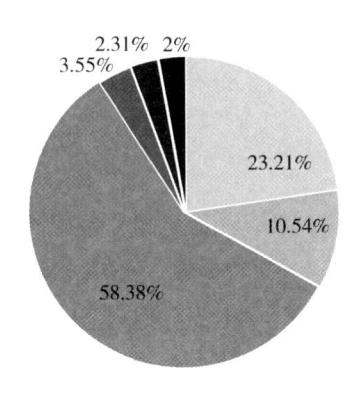

年份	北美洲	欧洲	亚洲	非洲	大洋洲	拉丁美洲
2008	60	44	226	22	6	12
2009	77	77	215	30	6	7
2010	133	115	472	64	19	24
2011	171	144	560	66	27	28
2012	224	155	692	70	33	33
2013	226	155	794	64	30	46
2014	395	191	1121	89	40	31
2015	764	347	1922	117	76	66

资料来源：根据商务部《境外投资企业（机构）名录》逐条分类统计所得。

图 3-5　2015 年中国科技型企业对外直接投资区位分布

注：数据经四舍五入。

资料来源：根据商务部《境外投资企业（机构）名录》逐条分类统计所得。

发达经济体是科技型企业的投资热点，近年来，中国对美国、欧盟、澳大利亚的投资均创历史新高。2016 年，中国对发达经济体的投资为 368.4 亿美元，同比增长 94%；其中，中国对欧盟直接投资 99.94 亿美元，同比增长 82.4%，占欧盟吸引外资的 1.8%；对美国直接投资 169.81 亿美元，同比增长 111.5%，占美国吸引外资的 4.3%；对澳大利亚直接投资41.87亿美元，同比增长23.1%，占澳大利亚吸引外资的8.7%；对加拿大直接投资28.71亿美元，同比增长83.7%，占加拿大吸引外资的8.5%；对新西兰直接投资9.06亿美元，同比增长160.3%，占新西兰吸引外资的39.3%（见表3-3）。上述数据说明，发达国家仍是中国企业对外直接投资最为重要的目的地。

表3-3　　　　　2016年中国对发达经济体投资情况　　　单位：亿美元，%

经济体名称	流量	同比
欧盟	99.94	82.4
美国	169.81	111.5
加拿大	28.71	83.7
澳大利亚	41.87	23.1
日本	3.44	43.3
新西兰	9.06	160.3
挪威	-8.51	—
瑞士	0.68	-72.5
以色列	18.41	700.4
百慕大群岛	4.99	-55.7
合计	368.40	94.0

资料来源：发达经济体划分标准同联合国贸发会议世界投资报告。

三　中国科技型企业对外直接投资的省域分布

中国开展境外投资的科技型企业主要集中在东部沿海发达省市。商务部《境外投资企业（机构）名录》将中央企业和地方单独划分，根据分类统计，2015年广东、北京、江苏、上海、浙江、中央企业、山东、福建、四川和湖南的科技型企业对外直接投资数量位居全国前十。从表3-4可以看出，开展境外投资的科技型企业主要分布在东部发达地区。这与中国对外直接投资地区分布较为一致。2015年，东部地区非金融类对外直接投资 798.2 亿美元，占地方投资流量的 85.2%，同比增长 78.2%；西部地区 74.5 亿美元，占 8%，同比增长 14.2%；中部地区 63.3 亿美元，占 6.8%，同比增长 84.7%。上海、北京、广东、江苏、山东、浙江、福建、天津、辽宁、安徽对外直接投资流量位居全国前十，合计 786.67 亿美元，占地方对外投资流量的 84%。2015 年，上海、北京和广东对外直接投资流量在全国排名前三。

表 3-4　　2015 年中央企业和相应省份开展境外投资的科技型企业数量　　单位：家

排名	中央企业/省份	开展境外投资的科技型企业数
1	广东	807
2	北京	497
3	江苏	322
4	上海	290
5	浙江	289
6	中央企业	206
7	山东	198
8	福建	71
9	四川	70
10	湖南	60

资料来源：根据商务部《境外投资企业（机构）名录》逐条分类统计所得。

第二节　中国科技型上市公司对外投资特征与经营状况分析

为了从企业异质性视角实证分析对外直接投资行为与绩效的影响因素，本书通过对商务部《境外投资企业（机构）名录》、Wind 企业并购重组数据库、国泰安上市公司数据库进行匹配，构建科技型上市公司数据库，从而弥补了《境外投资企业（机构）名录》中所缺失的财务报表、研发创新、治理结构等数据。本节对匹配后的上市公司数据进行统计性描述，对科技型上市公司的对外直接投资特征进行分析，并对比分析开展 OFDI 企业与未开展 OFDI 企业的异质性差异。

一 研究样本和数据来源

本节及后续的实证研究主要基于三个方面的数据：中国商务部提供的《境外投资企业（机构）名录》、Wind 企业并购重组数据库、国泰安上市公司数据库。具体处理步骤如下。

首先，按照国家统计局发布的《高技术产业（制造业）分类（2013）》《高技术产业（服务业）分类（2013）》来确定科技型上市公司行业代码[①]，并从国泰安上市公司数据库中获取详细的财务报表、研发创新、治理结构等数据，构建中国高技术行业企业数据库。

其次，将商务部《境外投资企业（机构）名录》和 Wind 企业并购数据库进行整理合并。《境外投资企业（机构）名录》中包含海外投资的母公司名称、子公司名称和经营范围、投资东道国、母公司所属省份和核准日期等信息，但缺失部分境外并购数据。为了获得较为全面的企业境外投资信息，本书从 Wind 企业并购重组数据库中筛选出已完成的海外并购交易记录，并进一步通过查阅公司主页、年报等渠道核对、完善上市公司海外并购信息，然后和《境外投资企业（机构）名录》进行整理合并，删除重复记录。

最后，将上述两步按照公司名称和证券代码进行匹配，包含企业的境外投资、财务报表、研发创新、公司治理等数据。删除 ST 类上市公司、金融类上市公司和主要财务数据缺失的企业，从而构建完整的科技型企业对外直接投资数据库。通过上述步骤的筛选和处理，形成

---

① 根据国家统计局对高技术行业的分类标准，共选取 20 类，行业代码分别为 C26、C27、C34、C35、C37、C38、C39、C40、C43、I63、I64、I65、L72、M73、M74、M75、N77、R85、R86、R87。

2008—2015年由533家开展对外直接投资企业和877家未开展对外直接投资企业构成的4003条非平衡面板数据集。需要说明的是，由于2005—2007年上市公司财务数据大量缺失，所以舍弃了这三年的企业样本，且2005—2007年对外投资企业样本量很少，不会对总样本分析产生实质性影响。

科技型上市公司对外直接投资数据库主要指标详见表3-5。

表3-5　　科技型上市公司对外直接投资数据库主要指标

指标分类	指标名称
企业基本情况	证券代码、证券简称、所属地区及代码、行业代码和行业名称、企业年龄、是否国有企业、国有股权所占比重、员工人数
对外直接投资情况	是否开展对外直接投资、对外直接投资年份、对外直接投资次数、投资国别、东道国收入水平（按高收入国家/地区和中低收入国家/地区分类）、投资方式（按绿地投资和跨国并购分类）、投资动机（按商贸服务型、当地生产型和技术寻求型分类）
企业经营情况	资产总额、固定资产净值、负债总额、人均薪酬、资本总额、营业收入、企业销售费用、企业管理费用、企业财务费用、净利润、利息支出、购买商品及接受劳务支付的现金、无形资产、政府补助金额
企业技术创新情况	专利申请量、外观设计申请量、发明专利申请量、实用新型申请量、累计专利申请量、累计外观设计申请量、累计发明专利申请量、累计实用新型申请量、研发投入金额、研发投入占营业收入比例、研发人员数量
高管背景	政治背景、研发技术背景、海外留学和工作背景

二　科技型上市公司对外直接投资特征

进一步根据匹配的科技型上市公司对外直接投资数据库进行描述性统计分析，以了解科技型上市公司在投资方式、投资区位和投资动机上的结构性特点。

（一）在投资方式上，科技型上市公司 OFDI 以绿地投资方式为主

在科技型上市公司中，首次开展绿地投资的企业有 378 家，占 71%；首次开展跨国并购的企业有 155 家，占 29%。可见，科技型上市公司首次开展对外直接投资以绿地投资为主。另外，部分企业多次开展对外直接投资，在数据库包含的 181 条重复投资记录中，66% 的企业二次投资方式与首次投资方式一致，20% 的企业由绿地投资转向跨国并购，14% 的企业由跨国并购转向绿地投资。由此可见，后续投资方式可能受到初始投资方式的影响。

（二）在投资区位上，科技型上市公司 OFDI 主要集中在高收入国家（地区）

根据 2012 年世界银行对 193 个国家（地区）人均国民收入进行的统计和分类，人均收入高于 12615 美元的为高收入国家（地区）；人均收入 4086—12615 美元的为中等偏上收入国家（地区）；人均收入 1036—4085 美元的为中等收入国家（地区）；人均收入低于 1036 美元的为低收入国家（地区）。根据上述标准，本书对科技型上市公司对外投资的国家（地区）进行分类统计，将人均收入高于 12616 美元的归入高收入国家（地区），其他归入中低收入国家（地区）。统计结果显示，投资到高收入国家（地区）的科技型上市公司 461 家，占 86%；到中低收入国家（地区）投资的科技型上市公司 72 家，占 14%。可见，科技型上市公司对外投资目的地主要集中在高收入国家（地区）。高收入国家（地区）拥有丰富的技术资源、高素质的人力资本以及优质企业，这些因素成为吸引科技型企业投资的重要原因。

（三）在投资动机上，科技型上市公司开展 OFDI 的主要目的在于商贸服务和技术寻求

根据分类统计，商贸服务型科技型上市公司 197 家，占 37%；当地生产型科技型上市公司 142 家，占 27%；技术寻求型科技型上市公司 194 家，占 36%。商贸服务主要目的在于开拓国际市场和扩大出口贸易，同时起到前哨的作用，及时了解国际市场动态、客户

需求以及技术前沿。技术寻求OFDI是科技型上市公司适应研发国际化趋势、构建全球研发体系的重要方式。科技型上市公司可以通过在技术密集区设立研发机构、建立技术联盟或是并购技术领先企业等方式，获取与母公司互补的技术知识，提升创新能力和国际竞争力。当地生产型主要是在国外设立工厂，以避免贸易壁垒。从分类统计来看，科技型上市公司开展OFDI的主要目的在于商贸服务和技术寻求。

（四）开展对外直接投资的科技型上市公司主要来自东部发达地区

根据分类统计，开展对外直接投资的科技型上市公司中，来自东部地区的企业有400家，占75%；来自中部地区的企业有71家，占13%；来自西部地区的企业有46家，占9%；来自东北地区的企业有16家，占3%。可见，开展对外直接投资的科技型上市公司主要来自东部发达省份。由于东部沿海地区开放程度高，经济相对较为发达，具有竞争优势的企业率先"走出去"，通过对外直接投资实现全球配置资源，进一步提升企业的国际竞争力和品牌影响力。随着"一带一路"倡议、长江经济带战略以及中部崛起战略的实施，中西部地区经济上升势头良好，开放性经济发展水平不断提升，在发展环境、平台建设、体制机制改革等方面为科技型企业对外直接投资提供了有力支撑。东北地区由于受转型升级压力，经济发展动力不足，企业"走出去"的步伐相对较为缓慢。

（五）从所有制来看，开展对外直接投资的科技型上市公司以非国有企业为主

根据分类统计，开展对外直接投资的科技型上市公司中国有企业132家，占25%；非国有企业401家，占75%。这说明开展对外直接投资的科技型上市公司中非国有企业占据大多数。中国改革开放40多年以来，市场化改革不断深入，市场活力进一步释放，民营企业在对外直接投资中的比重日益提高，已成为"走出去"的重要主体。

三 科技型上市公司全要素生产率估算

全要素生产率是衡量企业异质性的核心指标。本书采用 LP 方法和 OP 方法来进行测算。在以往的研究中，通常采用 Cobb-Douglas 生产函数（C-D 生产函数）来计算企业全要素生产率。

$$Y_{it} = A_{it} L_{it}^{\alpha} K_{it}^{\beta} \tag{3-1}$$

其中，Y_{it} 表示产出，L_{it} 和 K_{it} 分别表示劳动和资本投入，A_{it} 表示全要素生产率。对式（3-1）取自然对数，得到：

$$y_{it} = \alpha l_{it} + \beta k_{it} + \mu_{it} \tag{3-2}$$

其中，y_{it}、l_{it}、k_{it} 分别表示 Y_{it}、L_{it} 和 K_{it} 的对数形式，残差 μ_{it} 为企业全要素生产率 A_{it} 的对数形式。采用最小二乘回归方法对企业全要素生产率进行估计，可能会产生同时性偏差和样本选择性偏差[①]。

Olley 和 Pakes（1996）提出一致半参数估计值方法（OP 方法），该方法有两点改进：一是采用企业的当期投资作为生产率的代理变量，以解决同时性偏差问题；二是使用生存概率（Survival Probability）来估计企业的进入和退出，进而控制样本选择性偏差。但 OP 方法假定企业的当期投资与总产出始终保持单调关系，如果企业某一年份投资额为零则不能被估计，这会导致没有连续投资的企业样本被舍弃。Levinsohn 和 Petrin（2003）针对这一问题发展了一种新的全要素生产率估计方法（LP 方法），该方法以中间品投入代替投资额作为代理变量，中间品投入相对而言更易获得。

本章使用 LP 方法对企业全要素生产率进行估计，同时为防止估计方法导致对企业生产效率的估计存在偏误，使用 OP 方法进行稳定性检验。借鉴鲁晓东和连玉君（2012）等的研究，测算企业全要素生产

---

① 鲁晓东、连玉君：《中国工业企业全要素生产率估计：1999—2007》，《经济学（季刊）》2012 年第 2 期。

率的基础模型如下：

$$\ln Y_{it} = \beta_0 + \beta_l \ln L_{it} + \beta_k \ln K_{it} + \beta_m \ln M_{it} + \sum_m \delta_m year_m +$$
$$\sum_n \lambda_n reg_n + \sum_k \zeta_k ind_k + \varepsilon_{it} \qquad (3-3)$$

其中，Y_{it}为企业 t 年的产出，用营业收入表示；L_{it}为劳动投入，用企业员工人数表示；K_{it}为资本投入，用固定资产投资净值表示；M_{it}为中间投入，用购买商品、接受劳务支付的现金表示。year、reg 和 ind 分别为企业年份、地区和行业的虚拟变量。估计时所用变量均是以 2008 年为基期的实际值：营业收入、购买商品接受劳务支付的现金均用工业品出厂价格指数进行调整，固定资产投资净值使用固定资产投资价格指数进行调整，相应价格指数均来自国家统计局网站。

为了将 LP 方法和 OP 方法估计值进行比较，可以画出两种方法 TFP 的核密度函数图（见图 3-6）。根据结果，两种方法的估计值比较接近。后续实证部分是采用 LP 方法计算的 ln*TFP* 数据，同时用 OP 方法计算的结果做稳定性检验。

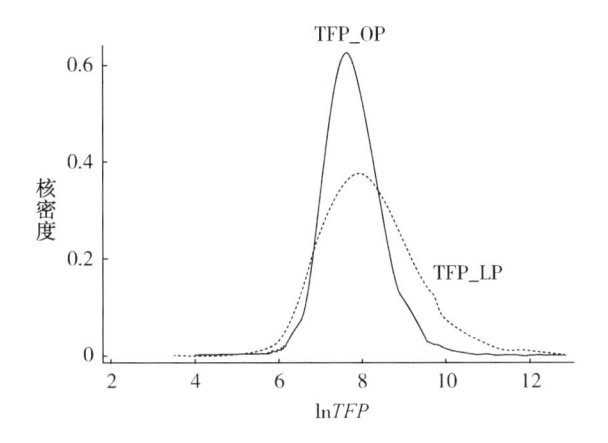

图 3-6 ln*TFP* 估计值的核密度函数：LP 和 OP 方法的比较

四 两类科技型上市公司的异质性分析

通过对 2008—2015 年开展对外直接投资企业（OFDI 企业）和未

开展对外直接投资企业（非 OFDI 企业）生产经营状况、技术创新、生产效率、高管背景四个方面进行描述性统计分析，比较两类企业的异质性差异。

（一）生产经营指标

开展对外直接投资企业与未开展对外直接投资企业在生产规模、经营收益等方面是否存在差异？我们选取了资产总额、从业人员、营业收入、净利润四项指标来进行对比分析。

从企业规模来看，开展对外直接投资企业的资产总额和从业人员数量要远远大于未开展对外直接投资企业。从表3-6和表3-7可以看出，开展对外直接投资企业，其资产总额均值约为102亿元，最大值约为6153亿元，最小值约为0.82亿元；未开展对外直接投资企业，其资产总额均值约为37亿元，最大值约为3117亿元，最小值约为0.03亿元。OFDI企业资产总额均值约是非OFDI企业资产总额均值的3倍，OFDI企业资产总额最大值约是非OFDI企业资产总额最大值的两倍，可以看出，两类企业资产总额差距明显。而体现企业规模的另一重要指标从业人员数量仍呈现相同特征。开展对外直接投资企业，其从业人员数量均值约为6374人，最大值为231299人，最小值为27人；未开展对外直接投资企业，其从业人员数量均值约为2700人，最大值为186963人，最小值为19人。OFDI企业从业人员均值约是非OFDI企业从业人员均值的两倍。从上述指标来看，OFDI企业总体规模要大于非OFDI企业规模。

从经营状况来看，开展对外直接投资企业的营业收入和净利润均高于未开展对外直接投资企业。从表3-6、表3-7可以看出，开展对外直接投资企业，其营业收入均值约为64亿元，最大值约为3037亿元，最小值约为0.15亿元；未开展对外直接投资企业，其营业收入均值约为22亿元，最大值约为2419亿元，最小值约为0.1亿元。从整体上来看，开展对外直接投资企业营业收入均值要远远高于未开展对外直接投资企业。从净利润来看，开展对外直接投资企业，其净利润均值约为4亿元，最大值约为337亿元；未开展对外直接投资企业，其净利润均值约为 1 亿元，最大值约为 141 亿元。无论是营业收入还是净利润，OFDI 企业的均值都要高于非 OFDI 企业均值。这说明，OFDI 企业经营状况要优于非 OFDI 企业。

表 3-6　　　　　开展对外直接投资企业生产经营状况

变量名称	观测值	均值	标准差	最小值	最大值
资产总额（亿元）	1567	102.202	384.260	0.818	6153.190
从业人员（人）	1567	6373.539	19187.670	27.000	231299.000
营业收入（亿元）	1567	64.309	213.890	0.149	3037.270
净利润（亿元）	1567	3.858	14.332	-44.523	337.277

资料来源：笔者利用 Stata14.0 计算所得。

表 3-7　　　　　未开展对外直接投资企业生产经营状况

变量名称	观测值	均值	标准差	最小值	最大值
资产总额（亿元）	2433	36.671	93.246	0.031	3116.937
从业人员（人）	2433	2700.225	6055.098	19.000	186963.000
营业收入（亿元）	2433	22.471	69.670	0.106	2419.126
净利润（亿元）	2433	1.156	4.270	-32.483	140.979

资料来源：笔者利用 Stata14.0 计算所得。

（二）技术创新指标

技术创新能力是科技型企业成长的关键。选取技术创新投入和创新产业的相关指标，对开展对外直接投资企业与未开展对外直接投资企业进行对比分析，以考察两类企业是否存在组间差异。具体见表 3-8 和表 3-9。

表 3-8　　　　　开展对外直接投资企业技术创新状况

变量名称	观测值	均值	标准差	最小值	最大值
研发投入金额（亿元）	1520	2.949609	21.71562	0.0093	738.39
研发人员（人）	1454	989.6107	2481.58	26	31703
专利申请量（项）	1221	106.8038	503.6103	0	7071

续表

变量名称	观测值	均值	标准差	最小值	最大值
外观设计申请量（项）	1221	10.7674	42.31225	0	582
发明专利申请量（项）	1221	61.46028	381.1458	0	5855
实用新型申请量（项）	1221	34.57617	171.6562	0	3979

资料来源：笔者利用 Stata14.0 计算所得。

表3-9　　　　未开展对外直接投资企业技术创新状况

变量名称	观测值	均值	标准差	最小值	最大值
研发投入金额（亿元）	2269	0.7891686	2.958063	0.0000165	99.50212
研发人员（人）	2109	439.0218	1008.495	0	33457
专利申请量（项）	1595	20.02821	36.62234	0	419
外观设计申请量（项）	1595	2.524138	12.14064	0	207
发明专利申请量（项）	1595	8.635737	17.72318	0	207
实用新型申请量（项）	1595	8.868339	17.40268	0	243

资料来源：笔者利用 Stata14.0 计算所得。

从创新投入来看，开展对外直接投资企业的研发投入金额均值要大于未开展对外直接投资企业。从表3-8和表3-9可以看出，开展对外直接投资企业，其研发投入金额均值约为2.95亿元，最大值为738.39亿元；未开展对外直接投资企业，其研发投入金额均值约为0.79亿元，最大值约为99.5亿元。OFDI企业研发投入金额均值是非OFDI企业的3倍以上，OFDI企业研发投入金额最大值约是非OFDI企业的7倍，可以看出，两类企业在研发投入金额上差距明显。从研发人员数量来看，开展对外直接投资企业，其从业人员数量均值约为990人，最大值为31703人；未开展对外直接投资企业，其从业人员数量均值约为439人，最大值为33457人。OFDI企业研发人员均值约是非OFDI企业研发人员均值的两倍。从上述指标来看，OFDI企业的创新投入整体上要大于非OFDI企业。

从创新产出来看，开展对外直接投资企业的专利申请量均值要大于未开展对外直接投资企业，尤其在发明专利申请量上差距明显。从表

3-8和表3-9可以看出，开展对外直接投资企业，其专利申请量均值约为107项，最大值为7071项；未开展对外直接投资企业，其专利申请量均值约为20项，最大值为419项。OFDI企业专利申请量均值约是非OFDI企业专利申请量均值的5倍，OFDI企业专利申请量最大值是非OFDI企业专利申请量最大值的16倍以上，可以看出，两类企业在创新能力上差距明显。从发明专利申请量来看，开展对外直接投资企业，其发明专利申请量均值约为61项，最大值为5855项；未开展对外直接投资企业，发明专利申请量均值约为9项，最大值为207项。作为体现企业核心创新能力的关键指标，OFDI企业在发明专利申请量上远远高于非OFDI企业。从上述指标来看，OFDI企业创新能力整体上要高于非OFDI企业。

（三）生产效率指标

企业全要素生产率是判断企业生产效率的综合指标，也是体现企业技术进步的核心指标。本书利用前沿的LP方法和OP方法估算了2008—2015年企业全要素生产率，并对OFDI企业和非OFDI企业进行对比分析。

从表3-10和表3-11可以看出，开展对外直接投资企业的全要素生产率要高于未开展对外直接投资企业，两种估算方法体现了一致性结论。利用LP方法的估算方法显示，开展对外直接投资企业的TFP均值为8.4332，未开展对外直接投资企业的TFP均值为7.9598。利用OP方法的估算方法显示，开展对外直接投资企业的TFP均值为7.8789，未开展对外直接投资企业的TFP均值为7.6714。从上述指标来看，OFDI企业生产效率整体上要高于非OFDI企业。

表3-10　　　　　开展对外直接投资企业生产效率状况

变量名称	观测值	均值	标准差	最小值	最大值
TFP_LP	1565	8.4332	1.2568	4.4694	12.5252
TFP_OP	1565	7.8789	0.7627	5.2464	12.4750

资料来源：笔者利用Stata14.0计算所得。

表 3-11　　　　　未开展对外直接投资企业生产效率状况

变量名称	观测值	均值	标准差	最小值	最大值
TFP_LP	2429	7.9598	1.0308	4.0340	12.6747
TFP_OP	2429	7.6714	0.7046	3.9748	11.0983

资料来源：笔者利用 Stata14.0 计算所得。

（四）高管背景指标

根据高阶理论，管理者的特征影响企业战略管理模式。本书进一步对中国科技型上市公司的高管背景进行对比分析。其中，高管政治背景是指，在任公司董事或经理至少有一人以上兼任政府官员、人大代表或政协委员，这种情况被视作具有政治关联，其赋值为 1，否则为 0。高管海外工作或学习经历是指，在任公司董事或经理具有海外留学背景或海外工作背景，如果有则赋值为 1，否则为 0。高管研发背景是指，公司董事或经理任何一人具有从事技术研发工作经历，如果有则赋值为 1，否则为 0。高管背景资料来自国泰安上市公司数据库。

从表 3-12 和表 3-13 可以看出，开展对外直接投资上市公司高管背景三项指标均值要高于未开展对外直接投资上市公司。从政治关联背景来看，开展对外直接投资的上市公司均值为 0.8742，未开展对外直接投资的上市公司均值为 0.8566。相比较而言，开展对外直接投资的上市公司，其高管往往具有较好的政治资源，企业通过政治联系可以寻求更多政府支持。从研发背景来看，开展对外直接投资的上市公司均值为 0.9272，未开展对外直接投资的上市公司均值为 0.9005。这说明开展对外直接投资的上市公司的高管往往具有研发技术背景。从海外工作或学习经历来看，开展对外直接投资的上市公司均值为 0.7032，未开展对外直接投资的上市公司均值为 0.5394。相比较而言，开展对外直接投资的上市公司，其高管往往具有海外工作或是学习经历。

表 3-12　　开展对外直接投资上市公司高管背景

变量名称	观测值	均值	标准差	最小值	最大值
政治关联	1567	0.8742	0.3316	0	1
研发背景	1567	0.9272	0.2598	0	1
海外工作或学习经历	1567	0.7032	0.4569	0	1

资料来源：笔者利用 Stata14.0 计算所得。

表 3-13　　未开展对外直接投资上市公司高管背景

变量名称	观测值	均值	标准差	最小值	最大值
政治关联	2434	0.8566	0.3505	0	1
研发背景	2434	0.9005	0.2992	0	1
海外工作或学习经历	2434	0.5394	0.4985	0	1

资料来源：笔者利用 Stata14.0 计算所得。

综上所述，OFDI 企业在生产规模、经营效益、技术创新投入、创新产出、生产效率、高管背景等方面均高于非 OFDI 企业。那么，这种差异是来自企业自选择效应还是企业开展对外直接投资后产生的学习效应？后续将建立更为严谨的研究框架和理论模型进行实证检验。

第三节　中国科技型企业跨国并购新趋势及典型案例

科技、媒体和通信（TMT）行业是全球跨国并购最为活跃的领域。本节以 TMT 行业为例，通过统计数据分析和案例分析，来剖析中国科技型企业跨国并购呈现的新特征与趋势。

2012—2016 年，中国 TMT 行业海外并购快速发展，交易数量年复合增长率达到了 20%[①]。2017 年中国 TMT 行业跨境并购交易量 105 宗，

---

① 数据来自德勤中国发布的《2017 中国 TMT 行业海外并购报告》。

较 2016 年同比下降 18%，其中 59 宗披露了交易金额，涉及金额约 222.09 亿美元，较 2016 年同比下降 47.7%；2018 年中国 TMT 行业跨境并购交易量共计 71 宗，较 2017 年同比下降 18.4%，其中 42 宗披露了交易金额，披露金额合计 126.3 亿美元，披露金额同比增长 9.8%[①]。可以看出，2012—2016 年中国 TMT 行业海外并购呈现快速增长态势，近两年交易量有所下降。

从国际环境来看，科技领域一直是全球投资的热点领域，随着全球经济增长放缓，中国 TMT 行业借助发达国家经济疲软的契机购买优质资产，实现延长产业链、提升技术创新能力、获取品牌以及获得市场份额等国际化经营目标。但近年来，投资贸易保护主义抬头，尤其是美国、德国等发达国家加强对技术领域的境外投资监管和审查限制，使得中国科技领域的境外投资不确定性增大。2017 年德国公布《对外经济法条例第九次修正案》，该修正案针对在德国开展的跨国收购制定了新的审查规则，赋予德国政府更广泛的审查权限。德国联邦经济和能源部对外来投资者收购德国企业 25% 以上（含 25%）股权的收购项目拥有审查权。2018 年 8 月该经济部长阿尔特迈尔称该比例将进一步下降至 15%。此外，德国与法国正在共同推动关于限制外资的欧洲议会提案，计划成立外国投资委员会，对高科技等战略领域投资进行审查。

2018 年 8 月，美国出台《2018 年外国投资风险评估现代化法案》，该法案加大了对外国投资者在美国开展投资交易的审查力度，如果境外投资者涉及与 27 个行业相关的关键技术设计、测试或开发，那么投资交易需要提交给美国外国投资委员会（CFIUS）进行国家安全评估。根据国务院新闻办公室发布的《关于中美经贸摩擦的事实与中方立场》，自美国外国投资委员会成立以来，美国总统根据该委员会建议否决的 4 起投资交易均系针对中国企业或其关联企业。2013—2015 年，美

---

① 数据来自晨哨并购发布的《2017—2018 中资海外年报（TMT）》。

国外国投资委员会共审查39个经济体的387起交易,被审查的中国企业投资交易共74起,占19%,连续三年位居被审查数量国别榜首[①]。

从国内环境来看,中国正积极推进全方位对外开放,大力推动"一带一路"倡议,并出台了《境外投资管理办法》,进一步简化投资审批和监管程序,提升了跨境并购和投资的效率。从表3-14中可以看出,中国TMT行业开展跨国并购主要集中在美国、意大利、德国、以色列等技术丰裕国家。跨国并购的主要目标是进一步优化产业链、获取品牌和市场渠道、获取先进技术和产品等。同时,标的公司可以借助并购进入中国市场,而且中国TMT行业在某些细分领域具有技术领先优势,通过并购实现资源互补、互惠共赢。

表3-14　　　　　　2018年中国TMT行业十大跨国并购事件

并购事件	标的公司	并购目标
巨人网络305亿元收购Alpha	Alpha的核心资产Playtika公司是一家以大数据分析及人工智能为驱动的高科技互联网公司,主要产品为休闲社交棋牌类网络游戏	进一步优化产业链,助力游戏产业发展;强化公司在数据分析及人工智能方面的技术优势
长江和记24.5亿欧元收购Wind Tre 50%股权	Wind Tre是意大利领先的移动运营商,在移动网络市场占有37%的市场份额,其移动网络将目标瞄准5G	通过整合其电信业务,提升国际市场份额
Strategic IDC公司21亿英镑收购Global Switch 24.99%股权	Global Switch是欧洲规模最大的中立第三方数据中心运营公司,也是世界上信用评级最高的数据中心运营公司	中国拥有世界上最多的人口意味着对数据和数据中心的需求非常大,中资收购Global Switch后可以帮其打入中国和亚洲市场,形成协同效应
阿里巴巴20亿美元增资电商平台Lazada	Lazada为东南亚及全球13500位商家和3000个品牌打造市场推广、数据支持和服务解决方案	拓展东南亚电商平台业务,扩大国际市场份额

① 中华人民共和国国务院新闻办公室:《关于中美经贸摩擦的事实与中方立场》,人民出版社2018年版。

续表

并购事件	标的公司	并购目标
滴滴出行收购巴西共享出行企业99	99公司是巴西最大的共享出行提供商，公司提供私家车出行服务、出租车服务等	通过智能交通技术服务本地市场，向用户提供更便利的移动出行服务，为当地城市提供以大数据驱动的智慧交通技术
腾讯5亿美元收购Bluehole 10%股份	Bluehole是目前世界上最热门PC游戏《绝地求生》的开发商，其估值已超过50亿美元	作为全球最大的游戏发行商之一，腾讯通过此次并购，将在全球大逃杀类游戏中拥有绝对的话语权
腾讯4.52亿美元收购Ubisoft 5%股份	Ubisoft是世界著名游戏公司，其优秀作品有《雷曼》、《刺客信条》系列、《波斯王子》、《细胞分裂》、《彩虹六号》系列、《看门狗》系列等	扩大国际市场份额
京东方收购法国SES公司超过50.01%的股份	SES公司是全球领先的零售数字化解决方案提供商，其解决方案由电子货架标签、店内通信设施和软件平台构成，将价格管理纳入计算机程序，摆脱了手动更换价格标签的状况	京东方利用现有的丰富销售网络和本地化资源，借助SES公司良好的品牌价值和大量的国际化客户资源，建立用户行为分析系统、货架管理系统等智慧零售整体解决方案
欢聚时代2.72亿美元投资Bigo成最大股东	Bigo总部位于新加坡，是全球性的基于视频的社交媒体平台，已在东南亚、南亚和中东等新兴市场占据优势地位	通过增资Bigo将与欢聚时代形成协同效应，占领国际市场，加速集团的国际化进程，巩固其在视频直播领域的地位
联想收购富士通FCCL 51%股份	FCCL主要从事开发、制造、分销及销售台式个人电脑、笔记本个人电脑及平板个人电脑等业务	通过并购，合资公司将具备富士通在全球销售、客户支持、研发及系统集成的能力，同时获得联想全球化的规模及全球业务布局的优势

资料来源：根据晨哨并购发布的《2017—2018中资海外年报（TMT）》整理。

第四节　中国科技型企业构建全球研发体系典型案例

构建全球研发体系是跨国企业获取技术领先地位的重要路径。越来越多的中国科技型企业在国外技术密集区设立研发机构、建立技术联盟等以实现开放式技术创新,其中,最具代表性的是华为技术有限公司(以下简称"华为")。

华为之所以成为全球第一大电信设备商,其重要原因在于华为一直高度重视技术创新,每年将10%以上的销售收入投入研究与开发。2021年,华为研发费用支出为1427亿人民币,约占全年收入的22.4%,近十年累计投入的研发费用超过8450亿元。[①] 2021年,华为是中国获得授权专利最多的公司,在欧洲专利局专利申请量排名第一,在美国新增专利授权量排名第五,PCT专利申请量连续五年位居全球第一。

华为坚持开放式技术创新,促进产学研合作共赢,将技术创新与标准相结合。例如,以网络5.0项目为技术基础,与15家公司共同成立网络5.0产业和技术创新联盟,覆盖8个主要工作方向;以DIP网络安全架构为基础,在ETSI和IRTF进行标准预热,抢占标准先发优势;以光网络2.0产业项目为基础,通过ON2020产业联盟推动光产业生态的共识架构,推进WTN标准的发展,引领产业方向。华为通过建立开放合作的创新体系,例如和Fraunhofer等欧洲研究机构开展密切合作,不断融入全球标准及产业体系,并将研究、标准、开源、实验床、产业联盟等多种手段融合,在融入AI、车联网等ICT产业发展的项目中,与代表产业前沿的欧洲科学家建立密切合作关系,共同推动产业发展。

华为海外研发体系主要由研发中心和联合创新实验室构成。华为海外研发中心主要设立在美国、英国、德国、法国、俄罗斯、印度等技术丰裕国家。1999年,华为在俄罗斯设立了数学研究所,引入当地一流的数学家参与公司的基础性研发。随后华为设立海外研发中心步伐加快。2008年,华为在德国慕尼黑设立研究所,目前已拥有近400名专家,研发团队本地化率近80%。2016年,华为设立迪拜研究中心和法国数学研究中心。法国数学研究中心是华为继俄罗斯研究所之后,

---

① 华为发布的《2021可持续发展报告》。

在加强基础科学研究方面的又一重要举措。通过与当地研究机构的紧密合作，借助法国深厚的基础数学资源，华为在 5G 等领域的研究建立了坚实基础。2016 年 12 月，华为在日本设立研发中心，是该公司第 4 个 X 实验室（X-Labs）。这一研发中心通过与日本企业、研发机构进行合作，共同研发物联网、下一代 5G 移动通信等技术。华为在意大利的第一家技术研发中心成立于 2008 年，位于米兰郊区，专注于微波研究。2018 年 12 月，华为在意大利米兰的核心区开设设计研发中心，该中心重点关注设计和时尚领域，利用意大利制造与设计优势，提升华为品牌和产品价值。

华为建立联合创新实验室，通过与运营商合作，在商业模式上和通信技术上不断实现创新突破。2006 年 10 月，华为和沃达丰集团在西班牙正式成立了第一个联合创新中心——移动联合创新中心 MIC。华为已经和十余个运营商共同建立了 28 个联合创新中心，包括中国、欧洲、北美、中东及东南亚在内的电信运营商，合作的重要创新课题超过 100 个以上。华为联合创新实验室研究领域涉及网络通信技术、能源、业务支撑系统等方面，其作用在于建立开放式的研发平台，实现运营商的战略需求与华为的理念、创意、技术的有效对接，在联合创新实验室快速形成解决方案并完成实验，进而及时投向应用市场。华为的实践证明了联合实验室通过将全球领先的信息与通信解决方案供应商和运营商紧密联系起来，联合生态伙伴实现了开放式创新，大大加速了技术创新进程。

第五节　本章小结

目前基于微观层面系统全面考察中国科技型企业对外直接投资行为和绩效的研究较少，其重要原因在于微观层面统计数据的缺失。本章通过多个数据库的匹配，构建中国科技型企业对外直接投资数据库，涵盖了企业对外投资年份、区位、动机、方式等境外投资信息以及企业财务指标、公司治理、高管背景等指标数据，克服了现有数据缺失的障碍，从而实现对中国科技型企业对外直接投资结构与特征的全面分析，也为后续章节研究微观企业投资行为提供了大样本数据。本章主要结论如下。

一是根据商务部公布的《境外投资企业（机构）名录》，手动梳理了2005—2015年40586条企业境外投资信息，筛选出高技术产业领域的企业作为科技型企业，并逐一按所属省份、境外投资国别等进行分类统计，以分析中国科技型企业境外投资的结构性特征，得到的结论如下：（1）从总量来看，科技型企业境外投资数量呈现急剧增长态势。科技型企业境外投资数量由2005年的232家上升至2015年的3296家，增长约13倍。特别是2013年以后，科技型企业对外投资的数量增幅较大。（2）从区位来看，科技型企业对外投资主要集中在亚洲、北美洲和欧洲。2015年在亚洲投资的科技型企业数占开展境外投资科技型企业总数的58.38%；在北美洲投资的科技型企业数占开展境外投资的科技型企业总数的23.21%；在欧洲投资的科技型企业数占开展境外投资科技型企业总数的10.54%。（3）从企业所属省份来看，开展对外直接投资的科技型企业主要集中在东部发达省份。

二是通过对商务部《境外投资企业（机构）名录》、Wind企业并购重组数据库、国泰安上市公司数据库进行匹配，构建2008—2015年科技型上市公司数据库，从而弥补了《境外投资企业（机构）名录》中所缺失的财务报表、研发创新、治理结构等数据。通过对匹配后的上市公司数据进行统计性描述，对科技型上市公司的对外直接投资特征进行分析，并对比分析OFDI企业与非OFDI企业的异质性差异，得到结论：（1）从投资方式来看，科技型上市公司首次投资以绿地投资为主，二次投资中60%以上的企业延续首次投资方式。（2）从投资区位来看，科技型上市公司投资主要集中在高收入国家（或地区）。（3）从投资动机来看，科技型上市公司开展对外投资主要目的在于商贸服务和技术寻求。（4）从企业所属省份来看，开展对外直接投资的科技型上市公司主要来自东部发达省份。(5) 选取生产经营指标、技术创新指标、生产效率指标,将开展对外直接投资企业与未开展对外直接投资企业进行对比分析,结果显示开展对外直接投资企业在生产规模、经营效益、技术创新投入、创新产出、生产效率、高管政治关联、高管研发背景和高管海外学习或工作背景等方面的均值高于未开展对外直接投资企业。

三是以中国 TMT 行业为例考察了中国科技型企业跨国并购的趋势和特点。2012—2016 年中国 TMT 行业海外并购整体呈现快速增长态势,但近两年交易量有所下降。中国 TMT 行业开展跨国并购主要集中在美国、意大利、德国、以色列等技术丰裕国家。跨国并购的主要目标是进一步优化产业链、获取品牌和市场渠道、获取先进技术和产品等。同时,标的公司可以借助并购进入中国市场,而且中国 TMT 行业在某些细分领域具有技术领先优势,通过并购实现资源互补、互惠共赢。从国际环境来看,科技领域一直是全球投资的热点领域,随着全球经济增长放缓,中国 TMT 行业借助发达国家经济疲软的契机购买优质资产,实现延长产业链、提升技术创新能力、获取品牌以及获得市场份额等国际化经营目标。但近年来,投资贸易保护主义抬头,尤其是美国、德国等发达国家加强对技术领域的境外投资监管和审查限制,使得中国科技领域的境外投资不确定性增大。这也是近年来中国科技型企业海外并购放缓的重要原因。

四是构建全球研发体系是跨国企业获取技术领先地位的重要路径。越来越多的中国科技型企业在国外技术密集区设立研发机构、建立技术联盟等实现开放式技术创新,其中,最具代表性的是华为技术有限公司。华为海外研发体系主要由研发中心和联合创新实验室构成。华为海外研发中心主要设立在美国、英国、德国、法国、俄罗斯、印度等技术丰裕国家。华为建立联合创新实验室,通过与运营商合作,在商业模式上和通信技术上不断实现创新突破。

第四章　中国科技型企业对外直接投资制度环境分析

改革开放以来，中国对外投资制度不断完善，为科技型企业开展跨国经营提供了良好的政策环境。本章梳理了中国对外投资管理制度变迁的特点，并从双边及区域投资贸易协定、财政金融政策、行业政策等方面较为全面总结了中国对外直接投资体制机制改革的趋势。

第一节　中国对外投资管理制度变迁

随着对外开放进程加快，中国境外投资审批权限逐步下放、审批手续不断简化，在一定程度上加快了中国企业"走出去"步伐。中国审批权制度改革出台的当期均是中国对外直接投资的一个高峰期，表4-1展示了中国对外投资管理制度变迁。特别是2017年《企业境外投资管理办法》出台，该办法作为境外投资管理的基础性制度，在"放管服"三个方面统筹推出了八项改革举措，涉及境外投资指导和服务、境外投资项目核准和备案、境外投资监管、法律责任及其他等方面，对于促进境外投资持续健康发展具有重要意义。本节通过梳理改革开放以来境外投资制度变迁，总结归纳了中国境外投资改革的主要特点。

表4-1　　　　　　　　中国对外投资管理制度变迁

年份	文件名称	关于项目审批制度的主要内容
2004	《国务院关于投资体制改革的决定》（国发〔2004〕20号）	中国对外投资项目从审批制改为核准（备案制）：中方投资3000万美元及以上资源开发类境外投资项目由国家发改委核准，中方投资用汇额1000万美元及以上的非资源类境外投资项目由国家发改委核准，上述项目之外的境外投资项目，中央管理企业投资的项目报国家发改委、商务部备案，其他企业投资的项目由地方政府按照有关法规办理核准。国内企业对外投资开办企业（金融企业除外）由商务部核准
2009	《境外投资管理办法》（商务部令2009年第5号）	该办法仅保留了商务部对少数重大境外投资的核准权限，同时对外投资的核准程序也大大简化。根据该办法，企业开展以下情形境外投资应当报商务部核准：在与中国未建交国家的境外投资；特定国家或地区的境外投资；中方投资额1亿美元及以上的境外投资；涉及多国（地区）利益的境外投资；设立境外特殊目的公司。同时，地方企业开展中方投资额1000万美元及以上、1亿美元以下的境外投资，能源、矿产类境外投资，需在国内招商的境外投资应当报省级商务主管部门核准。这个办法还简化了核准程度，绝大部分境外投资企业只需递交一张申请表，即可在3个工作日内获得《企业境外投资证书》
2014	《境外投资管理办法》（商务部令2014年第3号）	商务部和省级商务主管部门通过"境外投资管理系统"对企业开展境外投资进行登记、审核备案管理，并颁发《企业境外投资证书》。《企业境外投资证书》由商务部和省级商务主管部门分别印制并盖章，实行统一编码管理
2017	《企业境外投资管理办法》（国家发展和改革委员会令2017年第11号）	全面覆盖各类境外投资，将境内企业和自然人通过其控制的境外企业开展的境外投资纳入管理框架。分类监管，将境外投资分为鼓励开展、限制开展、禁止开展三大类，并明确具体投资领域
2018	《对外投资备案（核准）报告暂行办法》（商合发〔2018〕24号）	形成"管理分级分类、信息统一归口、违规联合惩戒"的对外投资管理模式；明确对外投资备案（核准）按照"鼓励发展+负面清单"进行管理；明确对外投资备案（核准）实行最终目的地管理原则；明确"凡备案（核准）必报告"的原则；明确对外投资事中事后监管的主要方式；明确强化信息化手段开展对外投资管理工作

资料来源：国家发展和改革委员会、商务部、中国人民银行等网站。

一　形成"备案为主、核准为辅"管理模式

商务部、国家发展和改革委员会等部门不断推进对外投资体制改革，简化投资审核与备案流程，促进企业对外直接投资有效健康发展。2009年，商务部出台了《境外投资管理办法》（商务部2009年第5号令），形成了由商务部和省级商务主管部门对企业对外投资实行核准的制度。2014年，商务部出台新的《境外投资管理办法》（商务部2014年第3号令），显著的变化是管理办法由核准制改为"备案为主、核准为辅"。2014年，国家发展和改革委员会出台了《境外投资项目核准和备案管理办法》（国家发展和改革委员会令第9号），新的管理办法将国家发展和改革委员会审核的中方投资3亿美元以上项目提高到中方投资10亿美元以上项目，其余项目实行备案制。2018年商务部出台的《对外投资备案（核准）报告暂行办法》，通过进一步简政放权，形成了"鼓励发展+负面清单"的对外投资备案（核准）管理制度，其中，负面清单明确了限制类、禁止类对外投资行业领域和方向。通过管理制度便利化改革，有效引导企业合理有效开展对外投资。

二　开展分类管理

境外投资管理办法的一个重大变化是针对企业所有权性质以及投资金额进行分类管理。《企业境外投资管理办法》（国家发展和改革委员会令2017年第11号）中明确了分类管理办法。一是投资领域属于敏感类项目，则明确由国家发展和改革委员会核准管理；二是中央管理企业（含中央管理金融企业、国务院或国务院所属机构直接管理的企业）开展境外投资，需要由国家发展和改革委员会备案；三是地方企业境外投资额在3亿美元及以上的项目，需要由国家发展和改革委

员会备案管理；四是地方企业境外投资额在 3 亿美元以下的项目，需要由投资主体注册地的省级政府发展改革部门进行备案。

2017 年 8 月，国务院办公厅下发的《关于进一步引导和规范境外投资方向的指导意见》（国办发〔2017〕74 号）中明确了鼓励、限制和禁止的三类境外投资活动。其中，鼓励开展类主要是支持境内有能力、有条件的企业积极稳妥开展境外投资活动，推进"一带一路"建设，深化国际产能合作，带动国内优势产能、优质装备、适用技术输出，提升中国技术研发和生产制造能力，弥补我国能源资源短缺，推动相关产业提质升级。限制开展类包括境内企业开展与国家和平发展外交方针、互利共赢开放战略以及宏观调控政策不符的境外投资。禁止开展类则涉及危害或可能危害国家利益和国家安全等的境外投资活动。详细内容见表 4 - 2。

表 4 - 2　　　　鼓励、限制和禁止的三类境外投资活动

类别	内容
鼓励开展的境外投资	1. 重点推进有利于"一带一路"建设和周边基础设施互联互通的基础设施境外投资 2. 稳步开展带动优势产能、优质装备和技术标准输出的境外投资 3. 加强与境外高新技术和先进制造业企业的投资合作，鼓励在境外设立研发中心 4. 在审慎评估经济效益的基础上稳妥参与境外油气、矿产等能源资源勘探和开发 5. 着力扩大农业对外合作，开展农林牧副渔等领域互利共赢的投资合作 6. 有序推进商贸、文化、物流等服务领域境外投资，支持符合条件的金融机构在境外建立分支机构和服务网络，依法合规开展业务
限制开展的境外投资	1. 赴与我国未建交、发生战乱或者我国缔结的双边、多边条约或协议规定需要限制的敏感国家和地区开展境外投资 2. 房地产、酒店、影城、娱乐业、体育俱乐部等境外投资 3. 在境外设立无具体实业项目的股权投资基金或投资平台 4. 使用不符合投资目的国技术标准要求的落后生产设备开展境外投资 5. 不符合投资目的国环保、能耗、安全标准的境外投资

续表

类别	内容
禁止开展的境外投资	1. 涉及未经国家批准的军事工业核心技术和产品输出的境外投资 2. 运用我国禁止出口的技术、工艺、产品的境外投资 3. 赌博业、色情业等境外投资 4. 我国缔结或参加的国际条约规定禁止的境外投资 5. 其他危害或可能危害国家利益和国家安全的境外投资

资料来源：《关于进一步引导和规范境外投资方向的指导意见》（国办发〔2017〕74号）。

三 加强对外投资风险防范

为加强境外投资风险防范，商务部先后制定了《关于改进境外企业和对外投资安全工作的若干意见》《境外中资企业机构和人员安全管理规定》等。2018年，《对外投资备案（核准）报告暂行办法》（商合发〔2018〕24号）中明确提出境内投资主体在开展对外投资过程中，按规定向相关主管部门报告其对外投资情况并提供相关信息；对外投资备案（核准）报告工作由各部门分工协作，实行管理分级分类、信息统一归口、违规联合惩戒的管理模式，商务部牵头对备案（核准）信息统一汇总。《对外投资备案（核准）报告暂行办法》特别明确了境内投资主体需要相关主管部门定期报送对外投资关键环节信息，包括：月度和年度信息；对外投资并购前期事项；对外投资在建项目进展情况；对外投资存在的主要问题以及遵守当地法律法规、保护资源环境、保障员工合法权益、履行社会责任、安全保护制度落实情况等。《对外投资备案（核准）报告暂行办法》还提出，如果境内投资主体对外投资出现重大不利事件或突发安全事件时，则应按"一事一报"原则及时向相关主管部门报送，相关主管部门将情况通报商务部。为进一步防范投资风险，《对外投资备案（核准）报告暂行办法》规定相关主管部门充分利用商务部汇总收集的信息，动态跟踪研判对外投资领域涉及国民经济运行、国家利益、行为规范、安全、汇率、外汇储备、跨境资本流动等问题和风险，按轻重缓急发出提示预警，引导企业加强风险管理、促进对外投资健康发展。

为加强中央企业境外投资风险防控，2017 年《中央企业境外投资监督管理办法》明确了中央企业境外投资的负面清单，为中央企业投资划红线。

一是更加强调聚焦主业。《中央企业境外投资监督管理办法》明确规定中央企业境外投资必须符合企业发展战略和国际化经营规划，坚持聚焦主业，原则上不得在境外从事非主业投资。这一要求主要是为指导中央企业始终坚持立足主业发挥比较优势，提高"走出去"的核心竞争力，防止企业随意涉足非主业领域带来的境外投资经营风险。确需开展非主业投资的，应报国资委同意后采取与具有相关主业优势的中央企业合作的方式开展。

二是多重措施加强境外风险防控。基于境外投资风险高发的特点，《中央企业境外投资监督管理办法》提出更为严格和更加具体的要求。例如，在股权结构上要求境外投资积极引入第三方机构入股以防范风险；对境外特别重大投资项目，企业需要在项目决策前委托有资质的独立第三方咨询机构开展专项风险评估；要充分利用出口信用保险和商业保险机制，减少风险发生时所带来的损失等。这些规定目的在于尽可能降低风险发生的概率，分散投资损失。

四　对外投资事中事后监管全覆盖

商务部办公厅出台了《对外投资合作"双随机一公开"监管工作细则（试行）》，明确"双随机、一公开"是指商务部和省级商务主管部门开展对外投资合作监督检查工作时，随机抽取检查对象、随机选派执法检查人员，及时公开抽查情况和查处结果。相关主管部门每半年将重点督查和随机抽查的情况通报商务部汇总。境内投资主体未按规定履行备案（核准）手续和信息报告义务的，商务部会同相关主管部门视情采取提醒、约谈、通报等措施。相关主管部门在开展监督工作过程中，如发现境内投资主体存在偷逃税款、骗取外汇等行为，将有关问题线索转交税务、公安、工商、外汇管理等部门依法处理。《对外投资备案（核准）报告暂行办法》中明确要求对中方投资额等值3亿美元以上，出现重大经营亏损等对外投资情形进行重点督察（见表4-3）。

表4-3　　　　相关主管部门重点督查的对外投资情形

序号	内容
1	中方投资额等值3亿美元及以上的对外投资
2	敏感国别（地区）、敏感行业的对外投资
3	出现重大经营亏损的对外投资
4	出现重大安全事故及群体性事件的对外投资
5	存在严重违规行为的对外投资
6	其他情形的重大对外投资

资料来源：《对外投资备案（核准）报告暂行办法》（商合发〔2018〕24号）。

五　建立信用记录和联合惩戒制度

2017年11月，国家发展和改革委员会、中国人民银行、商务部等28部门联合印发《关于加强对外经济合作领域信用体系建设的指导意见》和《关于对对外经济合作领域严重失信主体开展联合惩戒的合作备忘录》，明确在对外经济合作领域，以对外投资、对外承包工程和对外劳务合作、对外贸易、对外金融合作为重点，加强对外经济合作信用记录建设。对贯彻落实"一带一路"建设、国际产能合作等合作的对外经济合作主体和相关责任人，如出现违反国内及合作国家和地区相关法律法规以及违反国际公约、联合国决议，扰乱对外经济合作秩序且对推进"一带一路"建设造成严重不良影响、危害国家声誉利益等行为，相关主管部门将失信主体、责任人和失信行为记入信用记录。各相关部门通过签署对外经济合作领域失信行为联合惩戒合作备忘录，对严重失信主体依法依规实施联合惩戒。

第二节　双边及区域投资贸易协定

为保护中国企业在境外经营的合法权益，中国与其他国家和地区签订双边及区域协定，包括"双边投资协定""避免双重征税协定""自由贸易区协定下的投资规定""双向投资促进协定"和"境外经贸合作区"等。截至2018年年底，中国已与130多个国家签订了双边投资协定；对外正式签署101个避免双重征税协定，其中97个协定已生效，与中国香港、中国澳门两个特别行政区签署了税收安排，与中国台湾地区签署了税收协议；与13个国家和地区签订了自由贸易区协定；建立20个国家级境外经贸合作区。

一　双边投资协定

由于在全球范围内尚未有综合性的多边投资协调体系，双边投资协定（Bilateral Investment Treaty，BIT）成为国家或地区之间保护和规范国际投资的重要政策手段。BIT使得一国吸纳的外商直接投资和对外直接投资均受一系列双边投资协定保护。BIT的优势在于形成实质性的投资保护标准（如不得没收、国民待遇、公平公正待遇），以及可直接通过国际仲裁从而解决与东道国之间的分歧。通过签订双边投资协定，一国政府为外国投资者提供了稳定、透明、可预期的投资环境，有利于促进跨国投资和经济发展。特别是，现在各国签订双边投资协定还会对投资市场开放作出安排，为境外投资者提供更广阔的市场和更多商机，从而能更有利于推动经济全球化。

截至2018年年底，中国已与130多个国家签订了双边投资协定（见表4-4）。自1982年与瑞典缔结第一份双边投资协定以来，中国双边投资协定的保护内容经历了重大变化。中国与一些国家多次签订双边投资协定，协定内容在仲裁规定以及赔偿金等方面更加完善。早期的双边投资协定为投资者提供的保护水平较低，主要体现在协定缺乏投资国仲裁条款或是仅限于没收引起的赔偿金分歧。随后，双边投资协定在实质性条款方面逐渐和国际标准接轨，仲裁条款覆盖了所有类型的投资国分歧。

表4-4　　　　　　　　中国签订的双边投资协定一览

洲	国家	签署日期	生效日期	备注
欧洲	瑞典	1982年3月29日	1982年3月29日	
欧洲	瑞典	2004年9月27日	2004年9月27日	签字即生效
欧洲	德国	1983年10月7日	1985年3月18日	
欧洲	德国	2003年12月1日	2005年11月11日	重新签订
欧洲	法国	1984年5月30日	1985年3月19日	2007年11月26日重新签订，新协定取代旧协定
欧洲	法国	2007年11月26日	2010年8月20日	重新签订
欧洲	比利时和卢森堡	1984年6月4日	1986年10月5日	
欧洲	比利时和卢森堡	2005年6月6日	2009年12月1日	重新签订
欧洲	芬兰	1984年9月4日	1986年1月26日	
欧洲	芬兰	2004年11月15日	2006年11月15日	重新签订
欧洲	挪威	1984年11月21日	1985年7月10日	
欧洲	意大利	1985年1月28日	1987年8月28日	
欧洲	丹麦	1985年4月29日	1985年4月29日	
欧洲	荷兰	1985年6月17日	1987年2月1日	
欧洲	荷兰	2001年11月26日	2004年8月1日	重新签订
欧洲	奥地利	1985年9月12日	1986年10月11日	
欧洲	英国	1986年5月15日	1986年5月15日	
欧洲	瑞士	1986年11月12日	1987年3月18日	

续表

洲	国家	签署日期	生效日期	备注
欧洲	瑞士	2009年1月27日	2010年4月13日	重新签订
欧洲	波兰	1988年6月7日	1989年1月8日	
欧洲	保加利亚	1989年6月27日	1994年8月21日	
欧洲	保加利亚	2007年6月26日	2007年11月10日	附加议定书
欧洲	俄罗斯	2006年11月9日	2009年5月1日	
欧洲	匈牙利	1991年5月29日	1993年4月1日	
欧洲	捷克和斯洛伐克	1991年12月4日	1992年12月1日	
欧洲	斯洛伐克	2005年12月7日	2007年5月25日	附加议定书
欧洲	葡萄牙	1992年2月3日	1992年12月1日	
欧洲	葡萄牙	2005年12月9日	2008年7月26日	重新签订
欧洲	西班牙	1992年2月6日	1993年5月1日	
欧洲	西班牙	2005年11月24日	2008年7月1日	重新签订
欧洲	希腊	1992年6月25日	1993年12月21日	
欧洲	乌克兰	1992年10月31日	1993年5月29日	
欧洲	摩尔多瓦	1992年11月6日	1995年3月1日	
欧洲	白俄罗斯	1993年1月11日	1995年1月14日	
欧洲	阿尔巴尼亚	1993年2月13日	1995年9月1日	
欧洲	克罗地亚	1993年6月7日	1994年7月1日	
欧洲	爱沙尼亚	1993年9月2日	1994年6月1日	
欧洲	斯洛文尼亚	1993年9月13日	1995年1月1日	
欧洲	立陶宛	1993年11月8日	1994年6月1日	
欧洲	冰岛	1994年3月31日	1997年3月1日	
欧洲	罗马尼亚（新）	1994年7月12日	1995年9月1日	
欧洲	罗马尼亚	2007年4月16日	2008年9月1日	附加议定书
欧洲	南斯拉夫	1995年12月18日	1996年9月12日	塞尔维亚承接了南斯拉夫的国际协定
欧洲	马其顿	1997年6月9日	1997年11月1日	
欧洲	马耳他	2009年2月22日	2009年4月1日	
欧洲	塞浦路斯	2001年1月17日	2002年4月29日	
亚洲	泰国	1985年3月12日	1985年12月13日	

续表

洲	国家	签署日期	生效日期	备注
亚洲	新加坡	1985年11月21日	1986年2月7日	
亚洲	科威特	1985年11月23日	1986年12月24日	
亚洲	斯里兰卡	1986年3月13日	1987年3月25日	
亚洲	日本	1988年8月27日	1989年5月14日	
亚洲	马来西亚	1988年11月21日	1990年3月31日	
亚洲	巴基斯坦	1989年2月12日	1990年9月30日	
亚洲	土耳其	1990年11月13日	1994年8月19日	
亚洲	蒙古国	1991年8月25日	1993年11月1日	
亚洲	乌兹别克斯坦	1992年3月13日	1994年4月12日	2011年4月19日重新签署，新协定取代旧协定
亚洲	乌兹别克斯坦	2011年4月19日	2011年9月1日	重新签订
亚洲	吉尔吉斯斯坦	1992年5月14日	1995年9月8日	
亚洲	亚美尼亚	1992年7月4日	1995年3月18日	
亚洲	菲律宾	1992年7月20日	1995年9月8日	
亚洲	哈萨克斯坦	1992年8月10日	1994年8月13日	
亚洲	韩国	1992年9月30日	1992年12月4日	
亚洲	韩国	2007年9月7日	2007年12月1日	重新签订
亚洲	土库曼斯坦	1992年11月21日	1994年6月6日	
亚洲	越南	1992年12月2日	1993年9月1日	
亚洲	老挝	1993年1月31日	1993年6月1日	
亚洲	塔吉克斯坦	1993年3月9日	1994年1月20日	
亚洲	格鲁吉亚	1993年6月3日	1995年3月1日	
亚洲	阿联酋	1993年7月1日	1994年9月28日	
亚洲	阿塞拜疆	1994年3月8日	1995年4月1日	
亚洲	印度尼西亚	1994年11月18日	1995年4月1日	
亚洲	阿曼	1995年3月18日	1995年8月1日	
亚洲	以色列	1995年4月10日	2009年1月13日	
亚洲	沙特阿拉伯	1996年2月29日	1997年5月1日	
亚洲	黎巴嫩	1996年6月13日	1997年7月10日	
亚洲	柬埔寨	1996年7月19日	2000年2月1日	

续表

洲	国家	签署日期	生效日期	备注
亚洲	叙利亚	1996年12月9日	2001年11月1日	
亚洲	也门	1998年2月16日	2002年4月10日	
亚洲	卡塔尔	1999年4月9日	2000年4月1日	
亚洲	巴林	1999年6月17日	2000年4月27日	
亚洲	伊朗	2000年6月22日	2005年7月1日	
亚洲	缅甸	2001年12月12日	2002年5月21日	
亚洲	朝鲜	2005年3月22日	2005年10月1日	
亚洲	印度	2006年11月21日	2007年8月1日	
亚洲	日本和韩国	2012年5月13日	2014年5月17日	
大洋洲	澳大利亚	1988年7月11日	1988年7月11日	
大洋洲	新西兰	1988年11月22日	1989年3月25日	
大洋洲	巴布亚新几内亚	1991年4月12日	1993年2月12日	
非洲	加纳	1989年10月12日	1990年11月22日	
非洲	埃及	1994年4月21日	1996年4月1日	
非洲	摩洛哥	1995年3月27日	1999年11月27日	
非洲	毛里求斯	1996年5月4日	1997年6月8日	
非洲	津巴布韦	1996年5月21日	1998年3月1日	
非洲	阿尔及利亚	1996年10月17日	2003年1月28日	
非洲	加蓬	1997年5月9日	2009年2月16日	
非洲	尼日利亚	1997年5月12日		已废除
非洲	尼日利亚	2001年8月27日	2010年2月18日	重新签订
非洲	苏丹	1997年5月30日	1998年7月1日	
非洲	南非	1997年12月30日	1998年4月1日	
非洲	佛得角	1998年4月21日	2001年10月1日	
非洲	埃塞俄比亚	1998年5月11日	2000年5月1日	
非洲	突尼斯	2004年6月21日	2006年7月1日	
非洲	赤道几内亚	2005年10月20日	2006年11月15日	
非洲	马达加斯加	2005年11月21日	2007年7月1日	
非洲	马里	2009年2月12日	2009年7月16日	
美洲	玻利维亚	1992年5月8日	1996年9月1日	
美洲	阿根廷	1992年11月5日	1994年8月1日	

续表

洲	国家	签署日期	生效日期	备注
美洲	乌拉圭	1993年12月2日	1997年12月1日	
美洲	厄瓜多尔	1994年3月21日	1997年7月1日	
美洲	智利	1994年3月23日	1995年8月1日	
美洲	秘鲁	1994年6月9日	1995年2月1日	
美洲	牙买加	1994年10月26日	1996年4月1日	
美洲	古巴	1995年4月24日	1996年8月1日	
美洲	古巴	2007年4月20日	2008年12月1日	修订
美洲	巴巴多斯	1998年7月20日	1999年10月1日	
美洲	特立尼达多巴哥	2002年7月22日	2004年12月7日	
美洲	圭亚那	2003年3月27日	2004年10月26日	

资料来源：商务部网站。

中国先后启动了与美国和欧盟的双边投资协定谈判，试图从跨国投资保护、投资者之间的公平竞争以及市场开放等问题达成高水平的协定，从而进一步改善各自的投资环境与市场准入，促进跨国投资和经济互惠共赢。中美投资协定谈判，自2008年正式启动以来进行了26轮谈判。2013年7月，中美双方同意以"准入前国民待遇加负面清单"模式进入实质性谈判，谈判取得了重大突破。此后，双方积极推进各项工作，基本完成了文本谈判的工作目标，并在2015年6月举行的第19轮谈判中交换了负面清单出价，正式启动了负面清单谈判。2016年7月11—17日，第26轮中美投资协定谈判在北京举行。双方就协定文本的遗留问题取得了积极进展，并围绕负面清单改进出价展开了深入磋商。但之后的两年内，中美投资协定未有实质性进展。中欧投资协定谈判，双方共举行了20轮。2018年7月，第20次中欧领导人会晤期间，中欧双方正式交换了清单出价，标志着谈判进入新的阶段。2020年12月30日，中欧领导人共同宣布如期完成中欧投资协定谈判。

二 自由贸易协定

自由贸易协定中往往涉及投资协定，对国际资本流动发挥积极作用。截至 2018 年年底，中国已经和 24 个国家或地区签署了 16 个自由贸易协定，涉及澳大利亚等发达国家和秘鲁、智利等发展中国家。同时，自由贸易协定内容拓展到服务贸易、投资、知识产权、电子商务、竞争政策、海关程序与贸易便利化、原产地规则等范围。自由贸易协定对国际贸易和投资的促进效应显著。例如，中国与"一带一路"沿线国家签订自由贸易协定之后，双向资本流动加速。2018 年，中国企业对"一带一路"沿线国家非金融类直接投资达到 156.4 亿美元，同比增长 8.9%，占同期总额的 13%；沿线国家对华直接投资 60.8 亿美元，同比增长 11.9%。

区域全面经济伙伴关系协定（Regional Comprehensive Economic Partnership，RCEP），是由东盟十国（文莱、柬埔寨、印度尼西亚、老挝、马来西亚、缅甸、菲律宾、新加坡、泰国、越南）和中国、日本、韩国、澳大利亚、新西兰、印度（"10 + 6"）共同协商，通过削减关税及非关税壁垒，建立统一市场的自由贸易协定。2019 年 7 月，RCEP 第 27 轮谈判在中国郑州举行，加速推进在货物、服务、投资三大市场的准入谈判，文本磋商的完成率也大幅提高。RCEP 的自由化程度较高，涉及贸易壁垒、服务贸易、知识产权保护等多个领域。在当前贸易保护主义、单边主义抬头的背景下，这一协定的达成，有利于推进全球自由贸易投资进程。

三 境外经济贸易合作区

境外经济贸易合作区（以下简称"境外经贸合作区"）是指在中华人民共和国境内（不含香港、澳门和台湾地区）注册、具有独立法人资格的中资控股企业，通过在境外设立的中资控股的独立法人机构，投资建设的基础设施完备、主导产业明确、公共服务功能健全、具有集聚和辐射效应的产业园区①。截至 2018 年年底，中国企业共在全球 46 个国家建立了 113 个境外经贸合作区，累计投资约 366 亿美元，入区企业超过 4500 家，上缴东道国税费约 30 亿美元，为当地创造就业岗位近 30 万个。通过商务部确认考核的境外经贸合作区达 20 个，包括巴基斯坦海尔—鲁巴经济区、埃及苏伊士经贸合作区、埃塞俄比亚东方工业园、中国·印尼经贸合作区等。详见表 4 – 5。境外经贸合作区充分发挥集聚功能，促进企业抱团"走出去"，降低境外投资风险，并带动国内产业转型升级。

表 4 – 5　　　通过商务部确认考核的境外经贸合作区名录

序号	合作区名称	境内实施企业名称
1	柬埔寨西哈努克港经济特区	江苏太湖柬埔寨国际经济合作区投资有限公司
2	泰国泰中罗勇工业园	中国华立集团有限公司
3	越南龙江工业园	浙江前江投资管理有限责任公司
4	巴基斯坦海尔—鲁巴经济区	青岛海尔集团电器产业有限公司
5	赞比亚中国经济贸易合作区	中国有色矿业集团有限公司
6	埃及苏伊士经贸合作区	中非泰达投资股份有限公司
7	尼日利亚莱基自由贸易区（中尼经贸合作区）	中非莱基投资有限公司
8	俄罗斯乌苏里斯克经贸合作区	康吉国际投资有限公司
9	俄罗斯中俄托木斯克木材工贸合作区	中航林业有限公司
10	埃塞俄比亚东方工业园	江苏永元投资有限公司
11	中俄（滨海边疆区）农业产业合作区	东宁华信经济贸易有限责任公司
12	俄罗斯龙跃林业经贸合作区	牡丹江龙跃经贸有限公司
13	匈牙利中欧商贸物流园	山东帝豪国际投资有限公司
14	吉尔吉斯斯坦亚洲之星农业产业合作区	河南贵友实业集团有限公司

---

① 商务部对境外经贸合作区有明确的界定，详见 http://fec.mofcom.gov.cn/article/jwjmhzq/article02.shtml。

续表

序号	合作区名称	境内实施企业名称
15	老挝万象赛色塔综合开发区	云南省海外投资有限公司
16	乌兹别克斯坦"鹏盛"工业园	温州市金盛贸易有限公司
17	中匈宝思德经贸合作区	烟台新益投资有限公司
18	中国·印尼经贸合作区	广西农垦集团有限责任公司
19	中国印尼综合产业园区青山园区	上海鼎信投资（集团）有限公司
20	中国·印度尼西亚聚龙农业产业合作区	天津聚龙集团

资料来源：商务部网站（http://fec.mofcom.gov.cn/article/jwjmhzq/article01.shtml）。

第三节 财税金融政策

近年来，财政部、国家税务总局、国家外汇管理局等部门出台多项财税外汇政策和管理措施，推动减税降费，提高"走出去"企业质量效率，促进企业对外投资发展。中国人民银行、中国证券监督管理委员会等部门积极创新金融体系，加大资金支持力度，打造多渠道投融资框架，营造良好的金融环境。详见表4-6。

表4-6　　　　　　　主要财税金融政策文件一览

文件号	名称
财税〔2009〕125号	《关于企业境外所得税收抵免有关问题的通知》
财税〔2011〕47号	《财政部　国家税务总局关于高新技术企业境外所得适用税率及税收抵免问题的通知》
财税〔2018〕64号	《关于企业委托境外研究开发费用税前加计扣除有关政策问题的通知》
银发〔2017〕58号	《关于金融支持制造强国建设的指导意见》
银发〔2017〕126号	《人民币跨境收付信息管理系统管理办法》
汇发〔2014〕2号	《关于进一步改进和调整资本项目外汇管理政策的通知》
汇发〔2014〕29号	《关于发布〈跨境担保外汇管理规定〉的通知》
汇发〔2015〕13号	《关于进一步简化和改进直接投资外汇管理政策的通知》

资料来源：根据相关部门出台的政策文件整理。

一 财税政策

为助推中国企业"走出去",现行税收法规政策对境外所得采取限额抵免课税制度,国家税务总局不断明晰政策规定、优化征管流程。2018年,新修订的《中华人民共和国企业所得税法实施条例》规定,中国采取限额抵免制度,对企业来源于境外的所得进行课税。《关于企业境外所得税收抵免有关问题的通知》(财税〔2009〕125号)从境外所得的适用范围、收入确认、投资损失和业务盈亏弥补的处理、境外缴纳税款的抵扣、特殊扶持政策、申报管理及违规处罚措施等方面对所得税法规定的境外所得税收抵免制度做了较为全面的规定。《财政部 国家税务总局关于高新技术企业境外所得适用税率及税收抵免问题的通知》(财税〔2011〕47号)明确提出,高新技术企业境外抵免限额是按照15%的税率计算应纳税总额。2018年6月,财政部、税务总局、科技部《关于企业委托境外研究开发费用税前加计扣除有关政策问题的通知》(财税〔2018〕64号)规定,境内企业委托境外开展研发活动产生的费用,按照实际发生额的80%计入委托境外研发费用;如果委托境外研发费用不超过境内符合条件的研发费用2/3的部分,可以按规定在企业所得税前加计扣除。该政策有利于完善对外投资研发中心以及开展境外研发活动的环境,鼓励企业委托境外机构开展研发活动,对于在境外投资建立研发中心发挥了重要的支持作用。

中国国际税收协定覆盖面不断扩大。经过30多年的努力,中国的税收协定网络已经延伸到六大洲,覆盖中国主要的投资来源地和对外投资目的地,有效保护了中国对外投资者的利益。截至2021年年底,我国税收协定网络已覆盖112个国家(地区),基本涵盖我国对外投资主要目的地以及来华投资主要国家(地区)。党的十八大以来,税务总局在税收协定框架下与有关国家(地区)税务主管当局开展协商，为纳税人避免和消除国际重复征税约 283 亿元，有力促进了我国与协定伙伴国（地区）之间的双向投资、技术交流和人员往来。

二　金融政策

鼓励商业性金融机构创新金融产品，引导金融机构以企业境外资产和股权、矿权等权益为抵押提供贷款，加强对企业"走出去"的金融服务。通过股权投资、债务融资等手段，以市场化方式支持企业"走出去"的有关重点项目和关键领域。2017 年 3 月，中国人民银行等出台的《关于金融支持制造强国建设的指导意见》（银发〔2017〕58 号）提出，要完善对制造业企业"走出去"的支持政策；不断优化外汇管理，满足制造业企业"走出去"过程中真实、合理的购汇需求；支持制造业企业在对外经济活动中使用人民币计价结算，优化对外人民币贷款项目管理，鼓励企业使用人民币对外贷款和投资；推动设立人民币海外合作基金，为制造业企业"走出去"项目提供成本适当的人民币贷款或投资；鼓励进一步扩大短期出口信用保险规模，加大对中小微企业和新兴市场开拓的保障力度；发挥好中长期出口信用保险的风险保障作用，实现大型成套设备出口融资应保尽保。

推进人民币国际化进程，提高人民币跨境结算效率，扩大人民币在跨境贸易和投资中的使用。人民币纳入 SDR 货币篮子是人民币国际化的里程碑，有助于跨境贸易和投资中人民币的使用。2016 年 8 月和 10 月，世界银行和渣打银行（香港）分别在中国银行间债券市场成功发行 SDR 计价债券。2017 年 5 月，中国人民银行为积极推进人民币国际化，与多国签署了双边本币互换协议，在境外建立人民币清算行，印发《人民币跨境收付信息管理系统管理办法》（银发〔2017〕126 号），建立人民币跨境收付信息管理系统，收集人民币跨境收付及相关业务信息，对人民币跨境收付及相关业务情况进行统计、分析、监测。依法开展跨境人民币业务的银行应当接入系统，并按照有关规定向系统及时、准确、完整地报送人民币跨境收付及相关业务信息，这为企业"走出去"提供了重要支撑作用。

在外汇管理方面，坚持经常账户可兑换的原则，依法支持和保障真实合规的经常项目支出与转移，同时不断提高贸易投资的便利化。2014年，国家外汇管理局出台《关于进一步改进和调整资本项目外汇管理政策的通知》（汇发〔2014〕2号），明确取消国家外汇管理局对金融资产管理公司对外处置不良资产涉及的外汇收支和汇兑核准的前置管理。简化境外投资者受让境内不良资产登记手续。有关主管部门批准境内机构向境外投资者转让不良资产后30日内，受让境内不良资产的境外投资者或其境内代理人应持相关材料到主要资产所在地外汇局或其境内代理人所在地外汇局办理境外投资者受让境内不良资产登记手续。境外直接投资前期费用累计汇出额不超过300万美元，且不超过中方投资总额15%的，境内机构可凭营业执照和组织机构代码证向所在地外汇局办理前期费用登记；前期费用累计汇出额超过300万美元，或超过中方投资总额15%的，境内机构除提交营业执照和组织机构代码证外，还应向所在地外汇局提供其已向境外直接投资主管部门报送的书面申请及境内机构参与投标、并购或合资合作项目的相关真实性证明材料办理前期费用登记。2015年2月，国家外汇管理局出台的《关于进一步简化和改进直接投资外汇管理政策的通知》（汇发〔2015〕13号）指出，要进一步深化资本项目外汇管理改革，促进和便利企业跨境投资资金运作，取消境外再投资外汇备案，境内投资主体设立或控制的境外企业在境外再投资设立或控制新的境外企业无须办理外汇备案手续；另外，由直接投资外汇年检改为实行存量权益登记，相关市场主体应于每年9月30日（含）前，自行或委托会计师事务所、银行通过外汇局资本项目信息系统报送上年末境内直接投资和（或）境外直接投资存量权益数据。

第四节 行业促进政策

科技型企业开展对外直接投资，有利于提升创新能力和国际竞争力，是中国经济转型升级和迈向高质量发展的重要路径。商务部、科技部等出台相关政策措施，为高科技领域企业国际化经营提供了良好的政策环境。表4-7展示了高新技术行业相关政策文件。

表4-7　　高新技术行业相关政策文件一览

文件号	文件名称
商技发〔2005〕139号	《商务部、科技部关于鼓励科技型企业"走出去"的若干意见》
工信部信软〔2015〕440号	《工业和信息化部关于印发贯彻落实〈国务院关于积极推进"互联网+"行动的指导意见〉行动计划（2015—2018年）的通知》
工信部企业函〔2016〕314号	《工业和信息化部关于印发〈促进中小企业发展规划（2016—2020年）〉的通知》
发改能源〔2016〕1274号	《关于印发〈中国制造2025—能源装备实施方案〉的通知》
工信部联装〔2014〕590号	《关于加大重大技术装备融资支持力度的若干意见》
国发〔2017〕44号	《国务院关于印发〈国家技术转移体系建设方案〉的通知》
发改环资〔2017〕1363号	《关于印发〈半导体照明产业"十三五"发展规划〉的通知》
国科发资〔2018〕19号	《科技部国贸委印发〈关于进一步推进中央企业创新发展的意见〉的通知》
国科发资〔2018〕45号	《科技部　全国工商联印发〈关于推动民营企业创新发展的指导意见〉的通知》
国科发基〔2017〕175号	《关于印发〈"十三五"技术标准科技创新规划〉的通知》
国科办高〔2017〕55号	《科技部办公厅关于印发〈国家科技企业孵化器"十三五"发展规划〉的通知》

资料来源：根据相关部门出台的政策文件整理。

最早关于鼓励科技型企业"走出去"的政策文件是 2005 年《商务部、科技部关于鼓励科技型企业"走出去"的若干意见》（商技发〔2005〕139 号）。该文件从出口信用保险、鼓励设立境外研究机构、实施国家级科技计划、完善服务平台等方面提出鼓励科技型企业开展对外投资的政策。具体内容详见表 4-8。

表 4-8　　　　　　鼓励科技型企业"走出去"的政策内容

类别	细分政策
利用现有政策，加大对科技型企业"走出去"的扶持力度	按照出口信用保险政策的规定，对于高科技项目加快承保速度
	对科技型企业承揽的境外重大承包工程项目给予资金优惠支持
	研究制定鼓励和支持有优势的科技型企业在境外设立研究开发机构的优惠政策
	在研究制定对外承包工程企业经营资格标准时，向科技型企业适当倾斜
根据受援国需求，通过援外推动科技型企业"走出去"	通过援外物资出口渠道，向受援国提供我国拥有自主知识产权的高新技术产品，促进我国产品出口
	通过优惠贷款支持，推动我国科技型企业出口高新技术产品，并鼓励其在发展中国家开展投资合作项目
	通过举办发展中国家技术培训班，推广我国实用技术，进而推动我国高新技术产品出口
	通过援建科技成套项目，带动高新技术产品出口和科技型企业"走出去"
通过国家级科技计划支持科技型企业"走出去"	对于已经"走出去"的科技型企业，在承担国家级科技计划和基金项目时，给予适当的倾斜支持
	科技型中小企业技术创新基金对于已经"走出去"的科技型企业优先支持
加强科技型企业"走出去"服务体系建设	建设科技型企业"走出去"服务平台，鼓励和支持相关中介机构的发展，为科技型企业海外发展提供人才信息、法律咨询、翻译、报关、专利申报、展会服务、培训等综合服务，该类机构视同科技型中介机构
	建立海外科技型企业孵化器，为中小科技型企业在海外建立研究开发中心或创办科技型企业提供场地、政策、咨询等创业服务
	经认定的海外科技型企业孵化器可享受科技型企业"走出去"的优惠政策

续表

类别	细分政策
鼓励科技型企业在海外设立研发机构	政府有关部门建立专门的公共信息网络服务平台，集成对外贸易和投资、国际科技合作的有关信息资源，为科技型企业设立海外研发机构提供投资、研发、融资等信息咨询服务
	充分发挥我国驻外使领馆的作用，加强对驻在国政策、技术和市场的调研，为企业设立海外研发机构提供指导和帮助

资料来源：《商务部、科技部关于鼓励科技型企业"走出去"的若干意见》（商技发〔2005〕139号）。

有关鼓励高技术细分行业"走出去"的相关政策如下。2014年，工信部出台《关于加大重大技术装备融资支持力度的若干意见》（工信部联装〔2014〕590号），重点支持重大技术装备直接出口项目以及通过工程承包等方式间接带动重大技术装备出口的项目；重大技术装备制造企业在境外建设生产制造基地、研发中心、产品销售中心、服务中心，并收购境外企业的项目。2016年，国家发展和改革委员会等部门联合下发《中国制造2025—能源装备实施方案》（发改能源〔2016〕1274号），提出围绕共建"一带一路"倡议和实施"走出去"战略，建立健全能源装备国际合作服务工作机制；引导能源企业、装备制造企业抱团出海，防止国内企业同质化恶性竞争；推动能源装备制造业从单纯技术引进向人才引进、对外并购、合作研发转变，支持引进能源发展急需的先进技术和高端人才；研究利用产业基金、国有资本收益等方式，推动各类能源装备优势产能"走出去"，支持海外投资并购。《关于印发〈半导体照明产业"十三五"发展规划〉的通知》（发改环资〔2017〕1363号）提出，支持具备条件的企业通过建立海外分支机构、境外投资并购、基础设施建设、节能改造工程、产品出口等方式，深化国际产能合作。鼓励企业积极开拓国际市场，引导企业参与境外经贸产业合作区建设，带动中国半导体照明产品和技术输出。鼓励行业技术机构以技术服务等形式，带动中国半导体照明企业"走出去"。《工业和信息化部关于印发贯彻落实〈国务院关于积极推进"互联网+"行动的指导意见》行动计划（2015—2018年）的通知》（工信部信软〔2015〕440号）指出，结合"一带一路"倡议及其他国家重大战略，支持和鼓励互联网企业联合制造、金融、信息技术、通信等领域企业"走出去"；联合国内金融机构及丝路、中非等基金，建立"互联网+"制造业境外投资合作机制；积极发起或参与互联网领域多双边或区域性规则的谈判，提升影响力和话语权；推动建立中德、中欧、中美、中日韩政府和民间对话交流机制，围绕智能制造、标准制定、行业应用示范，组织开展技术交流与合作；支持行业协会、产业联盟与企业共同推广中国技术和中国标准。

相关部门针对中小企业、中央企业、民营企业等不同主体出台针对性政策。《科技部国贸委印发〈关于进一步推进中央企业创新发展的意见〉的通知》（国科发资〔2018〕19号）提出，以"一带一路"建设为重点，加强中央企业创新能力开放合作，支持中央企业参与实施"一带一路"科技创新行动计划，与"一带一路"相关国家企业、科研机构和大学开展高层次、多形式、宽领域的科技合作。支持中央企业主动布局全球创新网络、并购重组海外科技型企业或研发机构，建立海外研发中心或联合实验室，促进顶尖人才、先进技术及成果的引进和对外合作，实现优势产业、产品的"走出去"，提高全球创新资源配置能力。《科技部 全国工商联印发〈关于推动民营企业创新发展的指导意见〉的通知》（国科发资〔2018〕45号）提出，依托"一带一路"科技创新行动计划，支持民营企业积极参与科技人文交流、共建联合实验室、科技园区合作和技术转移。支持民营企业与"一带一路"相关国家企业、大学、科研机构开展高层次、多形式、宽领域的科技合作。鼓励民营企业并购重组海外科技型企业，设立海外研发中心，促进顶尖人才、先进技术及成果引进和转移转化，实现优势产业、优质企业和优秀产品"走出去"，提升科技创新能力对外开放水平。《工业和信息化部关于印发〈促进中小企业发展规划（2016—2020年）〉的通知》（工信部企业函〔2016〕314号）明确提出，一是工业和信息化部继续深化中小企业领域的双多边政府磋商机制，鼓励各地中小企业主管部门、中小企业服务机构建立与境外重点投资贸易地区政府部门、行业协会、商会的合作机制，扩大利益汇合点，加强在促进政策、贸易投资、科技创新等领域的合作，探索更多更有效的互利共赢模式，为中小企业国际化发展营造良好环境；二是中国银行发挥国际化、多元化的优势，与其他国家和地区的政府、银行、商会等建立合作机制，为中小企业匹配对接国际资源提供信息。同时，积极开发支持中小企业国际化发展的金融产品，提供全生命周期金融服务，并配套法律、会计、翻译等服务。为有跨境合作需求的中小企业开展远程网上交流、现场"一对一"洽谈、后期实地考察等服务，打造中小企业跨境交流合作平台。

另外，科技部、商务部等出台了通过对外开放加强创新能力建设的相关政策文件。2017年，《国务院关于印发〈国家技术转移体系建设方案〉的通知》（国发〔2017〕44号）提出，建设国家技术转移体系需要拓展国际技术转移空间。一是加速技术转移载体全球化布局。加快国际技术转移中心建设，构建国际技术转移协作和信息对接平台，加强国际合作以及加强国内外技术转移机构对接。二是开展"一带一路"科技创新合作技术转移行动。与"一带一路"相关国家共建技术转移中心及创新合作中心，构建"一带一路"技术转移协作网络，向相关国家转移先进适用技术，发挥对"一带一路"产能合作的先导作用。三是鼓励企业开展国际技术转移。引导国内企业与国外机构开展合作。开展多种形式的国际技术转移活动，建立常态化交流机制，搭建展示交流平台。2017年，科技部、质检总局和国家标准委《关于印发〈"十三五"技术标准科技创新规划〉的通知》（国科发基〔2017〕175号）提出，以科技创新推动中国标准"走出去"，围绕"一带一路"建设、国际产能和装备制造合作需求，依托国家科技计划实施和境外工程建设，助推中国技术、产品和服务"走出去"。《科技部办公厅关于印发〈国家科技企业孵化器"十三五"发展规划〉的通知》提出，加快孵化器国际化步伐，加强创新创业的全球链接，支持孵化器"走出去"。鼓励中国孵化器开拓国际业务，设立海外孵化器，通过与国外高校、研究院所和国际技术转移机构合作，对接海外创业团队、投资机构，优选高科技项目。引导各类型孵化器注重链接全球创业资源，广泛开展海外资本、高层次人才、技术项目、跨境孵化等国际化交流与合作。开展"一带一路"孵化器国际合作，推动国际合作交流、国际技术转移，帮助在孵企业把握新兴市场的创业机遇，拓展国际市场，提高企业全球化开放程度。

第五节 本章小结

随着对外开放进程加快，中国境外投资审批权限逐步下放、审批手续不断简化，形成了"鼓励发展＋负面清单"的对外投资备案（核准）管理制度，有效引导企业合理开展对外投资，在一定程度上加快了中国科技型企业"走出去"步伐。本章梳理了改革开放以来境外投资管理制度变迁，总结归纳了中国境外投资管理体制在推进便利化改革的同时加强风险防范的主要趋势与特点；从双边投资贸易协定、财税政策和行业政策等方面分析了中国在鼓励企业开展境外投资方面的制度化改革进程。总体来看，中国对外直接投资管理制度不断完善，双边投资贸易协定网络逐渐扩大，金融财税政策更加细化并更具可操作性，行业政策导向明确，为科技型企业有效配置国际资源、实现价值链的攀升提供了有力支持。此外，政策便利化措施的实施效果有待进一步通过实证研究进行检验。

第五章　技术创新是否促进了中国科技型企业对外直接投资

本章基于中国科技型企业对外直接投资的微观数据集，采用 Logit 模型考察技术创新对企业对外直接投资行为的影响。另外，从创新类型（颠覆型创新和渐进型创新）、行业类别（制造业和服务业）、东道国收入水平（高收入水平和中低收入水平）和投资动机（商贸服务型、当地生产型和技术寻求型）等多个角度考察了科技型企业对外直接投资的特征。

第一节　研究背景

随着中国对外直接投资由资源获取型向构建全球价值链转变，科技型企业成为我国对外直接投资的重要主体。这一趋势也体现了中国科技型企业希望通过整合全球资源提升自身竞争力的意愿。随着贸易投资保护主义抬头，欧美等发达国家对高技术领域的外国投资审查收紧，中国科技型企业对外投资面临更加严苛的投资壁垒和交易不确定性增加带来的风险。那么，面对日益复杂的国际环境，什么因素决定了中国科技型企业对外投资？是创新驱动还是规模优势，抑或是政府推动？不同创新类型对企业对外投资决策影响是否存在差异？在控制行业类型、东道国收入水平和投资动机差异的情境下，科技型企业对外直接投资行为又呈现哪些特征？对于这些问题的研究有必要立足于中国科技型企业的现实情况进行深入研究。

随着数据可获得性的提高，运用微观层面数据来解释中国企业对外直接投资行为成为研究热点。学者围绕中国企业对外直接投资决策的研究主要集中在以下几个方面：一是考察企业生产率的作用（田巍和余淼杰，2012；陈景华，2014；朱荃和张天华，2015；蒋冠宏，2015；李新春和肖宵等，2017）；二是从母国制度环境视角的研究（阎大颖，2009；冀相豹和葛顺奇，2015；李新春和肖宵，2017）；三是从融资约束、高管背景等公司治理角度的考察（李磊和包群，2015；刘莉亚等，2015；杨栋旭和张先锋，2018）；四是从东道国制度环境视角的研究（宗宇芳等，2012；冀相豹，2014）。目前，从技术创新视角的研究侧重于考察对外直接投资的创新绩效（蒋冠宏，2013；毛其淋和许家云，2014；钟昌标等，2014；李梅和余天骄，2016），对于企业 OFDI 决策的考察则相对缺乏。从企业属性来看，现有研究对象主要集中在制造业企业或服务业企业、国有企业或民营企业等，而专门针对科技型企业对外直接投资行为的研究则甚少。

本章试图在既有微观研究的基础上做出如下几点创新：（1）针对我国科技型企业日益成为对外投资主力的情况，通过将《境外投资企业（机构）名录》、Wind 上市公司并购重组数据库和国泰安上市公司数据库进行匹配，构建 2008—2015 年中国科技型企业对外直接投资数据库，考察中国科技型企业对外直接投资决策的影响因素。（2）技术创新能力体现了科技型企业的核心竞争力。通过构建 Logit 模型考察技术创新能力越高的企业是否对外直接投资的可能性也越大。进一步利用专利类型的差异，同时将高技术水平创新和低技术水平创新作为企业技术创新能力的度量指标，以求更准确地刻画创新质量对企业对外直接投资决策的影响。（3）结合跨国公司国际化理论、发展中国家对外投资理论以及科技型企业的特质性，对影响中国科技型企业 OFDI

决策的因素进行全面分析,包括企业经营状况、企业社会资源、母国制度环境等,并进一步根据行业分类、东道国收入水平、投资动机进行分组检验。

第二节 文献综述

传统跨国公司理论认为,企业特定优势是跨国公司进行对外直接投资的必要条件。企业特定优势包括全新的产品设计、品牌、商标、高效率的生产技术、产品造型和推广的特殊技能、企业员工共享的营销和销售技巧、创新能力、全球管理经验以及先进的管理模式等(Caves, 2006)。企业的竞争优势根源于其成长过程中通过不断的制度创新和知识创新所积累的核心技术和能力。因此,技术优势是跨国公司特定优势的重要组成部分。跨国公司可以依靠技术上的垄断优势,降低跨国投资的附加成本,获得在东道国生产经营的成功。由于知识和技术的可交易程度通常低于其他资产,且是垄断利润的源泉,因此,技术密集型企业往往采用对外直接投资方式实现母公司与子公司之间或者子公司之间的内部贸易,从而减少对外部市场的依赖(Helpman et al., 2004)。跨国公司还可以借助 OFDI 进一步强化技术优势。Peng(2000)认为,跨国公司的技术优势来自技术资源和能力在母公司和海外分支机构之间的相互流动,母公司和海外分支机构之间可以相互提供技术资源和能力。

新兴经济体的跨国企业是否具有技术上的特定优势?技术地方化理论认为,发展中国家跨国企业技术主要呈现标准化以及劳动密集型技术的特征,但企业在研发过程中包含创新活动,因此企业借助这种创新形成自己的"特定优势"(Lall, 1983)。技术创新与产业升级论认为发展中国家技术创新和产业升级是以技术积累为内在动力,跨国公司 OFDI 的发生与发展与其母国对国外技术的模仿、创新密切相连。对外直接投资逐步从资源依赖型向技术依赖型发展,而且 OFDI 的产业由传统产业向高技术产业升级，在地域上由发展中国家向发达国家流动（Cantwell & Tolentino，1990）。技术创新与产业升级论能够较好地解释新兴经济体的 OFDI 行为。国内学者对包括中国在内的发展中国家 OFDI 企业的优势来源展开深入研究。冼国明和杨锐（1998）认为，发展中国家在经济发展过程中不断完成技术累积，一部分企业逐渐形成自身的所有权优势。裴长洪和樊瑛（2010）认为，中国企业的竞争优势主要表现为大规模低成本生产、局部技术创新、市场定位能力及市场销售能力。

值得关注的是，越来越多的发展中国家企业向发达国家开展逆向投资，这类投资往往是以获取技术、知识等创造性资产为目的（Kogut & Chang，1991；Teece，1992）。Dunning（1998）认为，跨国投资的一个显著变化是企业由利用自身的特定优势转向寻求创造性资产，特别是通过跨国并购或是与东道国企业建立合作从而增强自身优势。另外，技术寻求型对外直接投资与资源寻求型对外直接投资有类似之处，但在投资区位上有很大差异，即技术寻求型 OFDI 主要集中在知识资源丰裕的发达国家。马亚明和张岩贵（2003）认为，将技术扩散纳入对 OFDI 的分析，技术优势不再是 OFDI 的必要条件。开展技术寻求型对外直接投资的企业，虽然知识积累、创新能力等往往低于东道国企业，但获取逆向技术溢出的基础是企业自身具备一定的研发能力（Branstetter，2006）。创新能力较强的企业，能帮助企业克服从新兴经济体跨越到发达经济体的技术鸿沟，进而利用和学习行业领导企业的先进技术和能力（Lu et al.，2011）。而创新能力较弱的企业则往往缺乏知识基础和创新能力的积累，即便投资进入发达经济体，仅仅依赖从外部获取先进技术也是无法实现长期生存的（Luo & Tung，2007）。因此，创新能力是决定母公司从东道国获取创造性资产并转化为核心竞争力的关键要素。

目前，针对技术创新与中国企业对外直接投资决策的实证研究较少。葛顺奇和罗伟（2013）从专有资产优势和内部化优势角度全面考察中国母公司竞争优势对企业外向型对外直接投资决策的影响程度,结果发现体现母公司技术优势的新产品占比对 OFDI 具有促进作用。本章试图通过较为全面的微观数据资料,对中国科技型企业对外直接投资行为进行经验研究,考察技术创新对企业对外直接投资行为的影响,并从专利异质性、行业类别、东道国收入水平差异、投资类型等角度深化对这一问题的认识。

第三节 模型构建与变量设定

一 计量模型设定

基于被解释变量为企业是否开展对外直接投资的二值选择变量,借鉴相关学者的做法(朱荃和张天华,2015;刘莉亚等,2015),本章采用 Logit 模型检验技术创新对科技型企业对外投资决策的作用。具体回归模型如下:

$$\Pr(OFDI_{it}) = \beta_0 + \beta_1 Patent_{i(t-1)} + \beta_2 X_{i(t-1)} + Dummies + \varepsilon_{it}$$

(5-1)

其中,*OFDI* 是企业对外直接投资的虚拟变量,开展对外直接投资取值为 1,否则为 0。*Patent* 为企业专利申请量,代表企业技术创新能力。*X* 表示其他控制变量组成的向量。*Dummies* 为虚拟变量,包括行业虚拟变量和年份虚拟变量,控制与行业相关的不可观测因素以及宏观经济波动对企业对外直接投资的影响。为避免内生性问题,解释变量按滞后一期取值。

二 变量定义和度量

(一)解释变量

技术创新。本章参考 Branstetter(2006)、钟昌标等(2014)、黎

文靖和郑曼妮（2016）的研究，以专利申请量来度量企业技术创新能力。原因在于：（1）作为技术创新的产出指标，专利量比研发投入更能体现企业的创新能力。（2）专利申请量比专利授权量更能真实反映创新水平（Griliches，1990；Ernst，2001）。专利申请量可能比专利授权量更加及时，因为专利有可能在申请过程中就已经对企业技术创新产生影响（周煊等，2012）。（3）技术创新既包括开发新技术和新产品等高技术水平创新（如发明专利），又包括对现有的产品和技术进行改造提升的低技术水平创新（如实用新型与外观设计专利），因此本章进一步利用专利水平差异来反映创新质量对企业对外直接投资决策的影响。（4）遵循现有文献通常做法，对专利申请量加1取自然对数进行处理。

（二）控制变量

1. 企业社会资源。在经济转型期，发展中国家跨国企业开展对外直接投资既可能来自企业自身具备的优势，也可能是政策支持等国家层面的因素（Dunning，2004；Buckley et al.，2007）。特别是政企关系形成的社会资源对企业对外直接投资决策产生重要影响。（1）国有股权。本章用国有股本占企业总股本的比重表示。由于国有企业对外直接投资更直接地反映了国家的发展战略，因此更易于获得政府各项优惠政策和制度便利。与此同时，国有身份在企业国际化过程中也更容易受到东道国政府的质疑，这点在高技术领域更为明显。美国外国投资委员会（CFIUS）针对并购交易的审查主要围绕"是否威胁国家安全"和"是否由外国政府控制"两方面进行。2008—2015年，中国被CFIUS审查案例总数排名由第七位上升至第一位，其重要原因在于美国认为中国大量的企业直接或间接地为国家所有，中国对敏感技术的投资将威胁美国已保持数十年的技术优势（潘圆圆和张明，2018）。因此，国有股权对科技型企业对外直接投资带来的负面影响和正面影响并存。（2）政治关联。本章用企业高管担任各级人大代表、政协委员或曾在政府相关部门、军队任职形成的高管政治关联表示。当企业高管均无政治背景时，取值为0，否则为1。企业可以通过政治关联获得融资便利以及政策支持等资源（Peng & Luo，2000）。同时，与国有股权相比，企业的这种社会资源比较隐秘，受政府的干预程度也较低，在开展对外直接投资过程中受当地政府的负面影响相对较小。因此，预计政治关联对企业OFDI决策起到正向作用。

2. 企业经营状况。参照现有文献的做法，主要控制以下反映企业经营状况的变量。各变量的具体测量见表5-1。（1）企业规模。企业异质性理论认为规模越大的企业越倾向于对外直接投资（Helpmam et al.，2004）。（2）资本密集度。葛顺奇和罗伟（2013）、李磊（2017）得出资本密集度对企业对外直接投资起到正向作用的一致结论。但朱荃和张天华（2015）、蒋冠宏（2015）得出相反结论。因此，资本密集度对中国科技型企业OFDI决策的影响有待进一步检验。（3）利润率和资产负债率。企业融资方式包括内源融资和外源融资。利润率越高，企业内源融资约束越小。资产负债率越高，企业的外源融资约束越大。因此，预计利润率对企业OFDI决策起到正向作用，而资产负债率对企业OFDI决策起到负向作用。（4）人均管理成本。成本管理能力是体现企业竞争优势的一个重要方面。本章用人均管理成本作为成本管理能力的代理变量，预计人均管理成本对企业OFDI决策起到负向作用。（5）企业年龄。企业经营时间越长，其丰富的经营经验越能够提升企业在对外直接投资中应对各种风险的能力。蒋冠宏（2015）认为，成立时间长的企业可能技术相对落后，可能对开展对外直接投资产生负向作用。因此，企业年龄对中国科技型企业OFDI决策的影响有待检验。

3. 母国制度环境。由于我国各地区间的制度环境差异较大，这种制度环境的异质性也会显著影响企业对外直接投资决策（冀相豹和葛顺奇，2015；李新春和肖宵，2018）。因此，本章采用母公司所在省份的市场化指数来控制地区制度环境差异。数据来自王小鲁等编写的《中国分省份市场化指数报告（2016）》，该报告系统地分析评价了2008—2014年全国各省份的市场化相对进程。由于地区市场化指数逐年的变动较小，而且《中国分省份市场化指数报告（2016）》中2014年指数的调查数据来自2015年，基于上述原因，2015年各地区的市场化指数仍沿用2014年数据。

三　描述性统计和相关系数矩阵

表 5-1 列出了样本的描述性统计和分组检验结果。我们发现，OFDI 企业的技术创新能力均值（2.913）高于非 OFDI 企业（2.477），且分组 t 检验结果在 1% 水平上显著，这一结果表明，与非 OFDI 企业相比，OFDI 企业具有更高的创新能力。另外，我们还发现，OFDI 企业在企业规模、人均管理成本和企业年龄等方面均高于非 OFDI 企业，分组 t 检验结果在 1% 水平上显著。OFDI 企业的利润率、企业年龄均高于非 OFDI 企业，资产负债率则低于非 OFDI 企业，但未通过显著性检验。

表 5-1　主要变量描述性统计量

变量名称	变量定义	均值	标准差	非 OFDI 企业均值	OFDI 企业均值	t 检验统计量
对外直接投资模式	绿地投资取值为"1"，跨国并购取值为"0"	0.089	0.284	0	1.000	—
技术创新	采用 LP 方法进行测算	2.521	1.181	2.477	2.913	-5.349***
国有股权	国有股本数占企业总股本数的比重	0.062	0.157	0.065	0.030	3.7271***
政治关联	高管团队是否有政治关联背景	0.867	0.339	0.869	0.842	1.3092

续表

变量名称	变量定义	均值	标准差	非 OFDI 企业均值	OFDI 企业均值	t 检验统计量
企业规模	企业总资产取自然对数	21.490	1.043	21.440	21.940	-7.9775***
资本密集度	资本总额与员工数比值取自然对数	12.210	0.908	12.200	12.240	-0.8457
利润率	净利润与销售收入的比值	0.067	0.541	0.064	0.092	-0.8537
资产负债率	负债总额与资产总额的比值	0.382	0.209	0.382	0.373	0.7060
人均管理成本	管理成本与员工数比值取自然对数	11.110	0.655	11.080	11.260	-4.4154***
企业年龄	监测年份与企业成立年份之差	13.530	5.344	13.490	13.840	-1.0877
母国制度环境	母公司所在省份的市场化指数	7.659	1.694	7.594	8.324	-7.1627***

注：笔者利用 Stata14.0 计算得到。*** 表示在 1% 水平上显著。

表 5-2 为主要变量的相关系数矩阵。结果表明，各变量之间并不存在严重的多重共线性问题。本章使用的技术创新能力衡量指标专利申请量与 OFDI 之间显著正相关。同时，企业规模、人均管理成本、政府补贴、市场指数与企业 OFDI 显著正相关，国有股权与企业 OFDI 显著负相关。

第四节 实证分析结果

一 基准模型分析结果

由于因变量为是否进行 OFDI 的二元虚拟变量，故本章选择 Logit 方法对总样本进行基准回归，检验技术创新对企业对外直接投资的影

表 5-2　主要变量的相关系数矩阵

	OFDI	技术创新	国有股权	政治关联	企业规模	资本密集度	利润率	资产负债率	人均管理成本	企业年龄	母国制度环境
OFDI	1										
技术创新	0.112***	1									
国有股权	-0.064***	0.037*	1								
政治关联	-0.023	0.016	0.060***	1							
企业规模	0.136***	0.287***	0.168***	0.078***	1						
资本密集度	0.015	-0.208***	-0.090***	-0.055***	-0.204***	1					
利润率	0.015	-0.039*	-0.007	-0.025	0.004	-0.022	1				
资产负债率	-0.012	0.129***	0.128***	0.093***	0.414***	-0.155***	-0.161***	1			
人均管理成本	0.076***	-0.043**	-0.055***	-0.066***	0.004	0.609***	-0.036**	-0.086***	1		
企业年龄	0.019	0.030	-0.063***	-0.035**	0.134***	0.153***	-0.056***	0.193***	0.074***	1	
母国制度环境	0.123***	0.042***	-0.172***	-0.093***	-0.042**	0.128***	0.072***	-0.165***	0.237***	0.086***	1

注：*、**、***分别表示在10%、5%和1%水平上显著。

响，回归结果见表5-3。我们首先在不控制其他影响因素的情况下进行检验，然后逐步加入企业社会资源（国有股权比例、政治关联）、企业经营状况（企业规模、资本密集度、利润率、资产负债率、人均管理成本、企业年龄）和母国制度环境（市场化指数）等控制变量，以便更好地检验估计结果对遗漏变量问题的稳健性。此外，考虑到不同年份之间的波动和行业间的差异，我们控制了年份哑变量和行业哑变量。在表5-3中，从回归（1）到回归（4），在逐步加入控制变量的过程中，核心解释变量技术创新能力的估计系数是相当稳健的，显著为正且大小变化有限，表明技术创新能力越强的企业，开展对外直接投资的可能性越大。从控制变量看，国有股权越高，企业开展对外直接投资的可能性越低。这说明国有身份对科技型企业对外直接投资带来负面影响。从中国对外直接投资趋势上看，国有企业所主导的投资在迅速下降，民营企业的交易增长迅猛。2008—2015年，国有企业对外直接投资存量占比从69.6%下降到50.4%。在高新技术行业，美国等发达国家对中国国有企业的投资审查日趋严格，成为国有企业投资比重下降的主要原因。而政治资源这一隐性社会资源对企业对外直接投资起到正向作用。另外，中国科技型企业规模越大，越有可能开展对外直接投资，这与现有相关实证研究结论相一致。地区市场化指数越高，企业对外直接投资可能性越大。而资产负债率所表示的融资约束对企业OFDI决策起到负向作用。

由于Logit模型的参数大小不能直接比较以反映各个自变量对企业对外直接投资决策的作用程度，本章进一步估计变量的平均边际效应。从表5-3中第（5）列可以看出，当专利申请量表征的技术创新能力增加1单位时，企业对外直接投资的概率增加1.07%；而体现企业融资约束的资产负债率增加1单位，企业对外直接投资的概率减少9.71%。企业规模对企业对外直接投资概率的作用要明显大于其他因素。这说明，中国科技型企业对外直接投资仍主要体现在规模优势上。

表 5-3　　　　　　　　　基准模型回归结果

解释变量	因变量：企业是否开展对外直接投资的虚拟变量（是=1，否=0）				
	(1)	(2)	(3)	(4)	(5)
技术创新	0.2444*** (3.1833)	0.2493*** (3.2917)	0.1411* (1.8004)	0.1372* (1.7702)	0.0107* (1.78)
国有股权		-2.2812* (-2.1626)	-2.7154** (-2.6432)	-2.4720** (-2.4115)	-0.1936** (-2.39)
政治资源		0.7595** (2.0006)	0.7069* (1.7926)	0.7674** (1.9065)	0.0482** (2.47)
企业规模			0.6373*** (4.7497)	0.6376*** (4.8203)	0.0499*** (4.83)
资本密集度			-0.0529 (-0.3350)	-0.0339 (-0.2148)	-0.0026 (-0.21)
利润率			0.0941 (0.3605)	0.0869 (0.3035)	0.0068 (0.30)
资产负债率			-1.3992** (-2.0678)	-1.2394* (-1.8262)	-0.0971* (-1.82)
人均管理成本			0.0503 (0.2601)	-0.0117 (-0.0587)	-0.0009 (-0.06)
企业年龄			-0.0275 (-1.3346)	-0.0270 (-1.3429)	-0.0021 (-1.33)
母国制度环境				0.1460** (1.9719)	0.0114** (1.97)
常数项	-3.9677*** (-6.9578)	-4.2910*** (-6.2332)	-16.7345*** (-5.0258)	-17.4844*** (-5.2667)	
年份固定效应	是	是	是	是	是
行业固定效应	是	是	是	是	是
pseudo R²	0.0350	0.0472	0.0774	0.0829	
N	1377	1377	1375	1375	1375

注：括号内数值是稳健的 z 统计量；*、**、***分别表示在 10%、5%、1%水平上显著。

二 专利异质性

进一步，我们利用专利类型的差异，将高技术水平创新和低技术水平创新作为企业技术创新能力的度量指标，分析不同技术水平创新对企业对外直接投资决策的影响。其中，高技术水平创新用发明专利申请量表示，低技术水平创新用实用新型和外观设计专利申请量之和表示。从表 5-4 中可以看出，高技术水平创新对企业对外直接投资概率的作用并不显著，而低技术水平创新对企业对外直接投资产生正向作用。这说明作为新兴经济体，中国对外直接投资企业技术优势仍主要体现为对现有产品和技术的改造提升等渐进式创新[①]。渐进式创新跟随市场变动方向运行，因此无法站到引领市场方向的高度，有可能会陷入"追赶—落后—追赶"的恶性循环（钟昌标等，2014）。中兴在美国被禁售事件也反映了我国在关键核心技术领域受制于人的局面仍未根本改变。

三 行业差异

为进一步分析行业差异对企业对外直接投资决策的影响，将总样本划分为制造业和服务业两类进行再检验。表 5-5 中回归（1）显示，在高技术制造业，企业技术创新能力的回归系数并不显著，而企业规模越大、国有股权比重越低、高管具有政治关联、所在省份市场化程度越高的企业，对外直接投资的可能性越大。表 5-5 中回归（2）显示，在高技术服务业，技术创新能力越高、规模越大的企业，对外直接投资的可能性越大。值得关注的是，在高技术服务业，利润率越高的企业越愿意开拓国内市场而不是开展对外直接投资。通过比

[①] Henderson 和 Clark（1990）将创新分为渐进式创新和颠覆式创新两大类。渐进式创新是对现有的产品和技术的改造提升。颠覆式创新是在突破现有技术的基础上，开发出全新的产品或服务。

表 5-4　　专利异质性回归结果

解释变量	被解释变量：企业是否开展对外直接投资的虚拟变量（是=1，否=0）			
	（1）高技术水平创新		（2）低技术水平创新	
技术创新	0.0574	(0.6475)	0.1219*	(1.7821)
国有股权	-2.4993**	(-2.1288)	-2.4880**	(-2.1064)
政治关联	0.7517**	(2.0287)	0.7878**	(2.1158)
企业规模	0.6627***	(4.9747)	0.6638***	(5.1422)
资本密集度	-0.0702	(-0.4144)	-0.0609	(0.3671)
利润率	0.0688	(0.1521)	0.1042	(0.2244)
资产负债率	-1.2573*	(-1.9136)	-1.3096**	(-1.9826)
人均管理成本	-0.0159	(-0.0771)	0.0400	(0.1956)
企业年龄	-0.0280	(-1.3171)	-0.0269	(-1.2668)
母国制度环境	0.1457**	(2.0960)	0.1482**	(2.1129)
常数项	-17.2808***	(-5.3856)	-18.1207***	(-5.6751)
年份固定效应	是		是	
行业固定效应	是		是	
pseudo R²	0.0801		0.0834	
N	1375		1375	

注：括号内数值是稳健的 z 统计量。*、**、*** 分别表示在 10%、5%、1% 水平上显著。

较可以看出，高技术服务业企业开展跨国经营对技术创新能力的要求更高，而高技术制造业企业 OFDI 更依赖自身规模优势。

四　东道国（地区）收入水平差异

科技型企业对外直接投资会受投资目的地经济发展水平的影响。高收入国家（地区）与中低收入国家（地区）在创新能力方面差距明显[①]，因此，企业进入不同国家（地区）所需具备的技术创新门槛也有所差

---

① 由世界知识产权组织、美国康奈尔大学、欧洲工商管理学院联合发布的《全球创新指数 2018》显示，创新指数排名前十位的均为高收入国家（地区），中低收入国家（地区）与高收入国家（地区）之间仍然存在难以跨越的创新鸿沟。

异。而且，东道国（地区）收入高，不可避免会增加企业对外投资的边际成本和固定成本。因此，企业对不同收入水平国家（地区）开展直接投资的决定因素可能不尽相同。检验结果见表5-5。回归（3）中技术创新能力系数显著为正，这说明与非对外直接投资企业相比，投资到高收入国家（地区）的企业技术创新能力更强。也就是说，企业需要具有较强的技术创新能力才能进入高收入国家（地区）市场。从控制变量来看，国有股权比重对企业OFDI决策起到负向作用。发达国家对我国国有身份企业在高技术领域的投资审查日趋严格，由此所带来的风险和不确定性影响企业投资决策。而政治关联这一隐形社会资源对企业OFDI决策起到正向作用。回归（4）中技术创新能力系数并不显著，这说明与非对外直接投资企业相比，投资到中低收入国家（地区）的企业的技术创新能力并不一定更强。而企业规模则是决定企业是否到中低收入国家（地区）投资的关键因素。

表5-5　　　　分行业和东道国（地区）收入水平的回归结果

解释变量	被解释变量：企业是否开展对外直接投资的虚拟变量（是=1，否=0）			
	分行业差异		分东道国（地区）收入水平差异	
	（1）制造业	（2）服务业	（3）高收入国家（地区）	（4）中低收入国家（地区）
技术创新	0.1067 (1.1905)	0.4611* (1.6663)	0.1566* (1.7391)	0.1761 (0.8747)
国有股权	-2.4380* (-1.9251)	-2.9189 (-0.7899)	-3.1631** (-2.0327)	-0.8658 (-0.5086)
政治关联	0.6792* (1.7225)	1.3706 (1.1760)	0.7040* (1.7873)	1.5673 (1.4415)
企业规模	0.6145*** (4.4155)	0.8623* (1.6681)	0.7217*** (4.7930)	0.5467* (1.9456)
资本密集度	-0.0133 (-0.0695)	-0.4453 (-0.8870)	0.0796 (0.4275)	-0.4705 (-1.2191)
利润率	0.5665 (0.5578)	-6.0684** (-2.1212)	0.1136 (0.2135)	-0.0693 (-0.1096)

续表

解释变量	被解释变量：企业是否开展对外直接投资的虚拟变量（是=1，否=0）			
	分行业差异		分东道国（地区）收入水平差异	
	（1）制造业	（2）服务业	（3）高收入国家（地区）	（4）中低收入国家（地区）
资产负债率	-1.1661 (-1.5434)	-2.6733 (-1.1140)	-1.6333** (-2.2182)	0.5126 (0.3490)
人均管理成本	0.0283 (0.1253)	-0.9696 (-1.4401)	-0.0667 (-0.3030)	0.1410 (0.2864)
企业年龄	-0.0309 (-1.3968)	0.0736 (0.6847)	-0.0387 (-1.6030)	0.0040 (0.0823)
母国制度环境	0.1435** (1.9888)	0.1385 (0.4863)	0.1397* (1.8564)	0.2460 (1.5138)
常数项	-17.3495*** (-5.2174)	-5.9795 (-0.4909)	-19.5218*** (-5.4579)	-15.3829* (-1.9520)
年份固定效应	是	是	是	是
行业固定效应	是	是	是	是
pseudo R^2	0.0723	0.2935	0.0858	0.0967
N	1199	128	1307	941

注：括号内数值是稳健的 z 统计量；*、**、*** 分别表示在 10%、5%、1% 水平上显著。根据 2012 年世界银行对 193 个国家（地区）人均国民收入的统计和分类标准，高于或是等于 12616 美元的为高收入国家（地区），12616 美元以下的为中低收入国家（地区）。

五 投资动机差异

不同的投资动机对企业的创新能力要求可能存在差异。中国科技型企业对外投资的动机可以大致分为三类：商贸服务、当地生产、技术研发。本章进一步分析各种投资类型的 OFDI 企业是否比非 OFDI 企业更有创新能力。从表 5-6 可以看出，回归（1）和回归（3）的技术创新能力系数显著为正，这说明开展商贸服务型和技术研发型 OFDI 企业，比没有开展 OFDI 企业的技术创新能力更强。而当地生产型回归结果的技术创新能力系数并不显著，这说明技术创新能力越强的企业，开展当地生产型 OFDI 的可能性并不一定越大。

表 5-6　　不同对外直接投资动机的回归结果

解释变量	被解释变量：企业是否开展对外直接投资的虚拟变量（是=1，否=0）					
	对外直接投资动机差异					
	(1) 商贸服务型		(2) 当地生产型		(3) 技术研发型	
技术创新	0.3625***	(2.8400)	0.0963	(0.5912)	0.1795*	(1.8772)
国有股权	-1.2628	(-0.8757)	-2.1463	(-1.1314)	-2.5997*	(-1.7456)
政治关联	1.0399	(1.6250)	0.9016	(1.4213)	0.8162*	(1.8234)
企业规模	0.5475**	(2.5594)	0.6710***	(2.7274)	0.6886***	(4.4142)
资本密集度	-0.1660	(-0.6175)	-0.0496	(0.1706)	-0.0029	(-0.0143)
利润率	0.0080	(0.0094)	-0.0196	(-0.0490)	0.0143	(0.4101)
资产负债率	-1.0821	(-1.0660)	-0.3688	(-0.3086)	-1.5502*	(-1.8543)
人均管理成本	-0.1776	(-0.5226)	0.4302	(1.1741)	-0.1706	(-0.7107)
企业年龄	-0.0357	(-1.1436)	-0.0336	(-0.8489)	-0.0284	(-1.1354)
母国制度环境	0.2366**	(2.1531)	0.1676	(1.3179)	0.1542*	(1.8958)
常数项	14.7406***	(-2.77387)	-25.1815***	(-4.0447)	-17.5057***	(-4.6183)
年份固定效应	是		是		是	
行业固定效应	是		是		是	
pseudo R^2	0.0876		0.1283		0.0761	
N	1117		1070		1251	

注：回归（1）、回归（2）和回归（3）的检验样本分别为商贸服务型投资企业与非对外投资企业、当地生产型投资企业和非对外投资企业、技术研发型投资企业与非对外投资企业。括号内数值是稳健的 z 统计量；*、**、*** 分别表示在 10%、5%、1% 水平上显著。

六　稳健性检验

为保证回归结果的可靠性，本章除了将解释变量滞后一期以处理内生性问题，还设定了两类稳健性检验：一是使用研发投入替代专利申请量进行稳健性检验；二是使用是否国有企业替代国有股权进行稳健性检验。回归结果如表 5-7 所示，稳健性检验结果同上文回归结果基本一致，表明本章的检验结果是稳健的。

表 5-7　　稳健性检验回归结果

解释变量	被解释变量：企业是否开展对外直接投资的虚拟变量（是=1，否=0）			
	替代变量：研发投入		替代变量：是否国有企业	
技术创新	0.2808**	(3.2083)	0.1393*	(1.6988)
国有股权	-2.3425***	(-2.7693)	-0.2413	(-0.9262)
政治资源	0.3707	(1.2606)	0.7999**	(2.1486)
企业规模	0.3135***	(2.6305)	0.6255***	(4.7680)
资本密集度	0.0715	(0.5002)	-0.0112	(-0.0671)
利润率	0.8583	(1.0609)	0.0546	(0.1237)
资产负债率	-0.6776	(-1.1551)	-1.1728*	(-1.7208)
人均管理成本	-0.0341	(-0.1910)	-0.0357	(-0.1745)
企业年龄	-0.0530***	(-2.8238)	-0.0199	(-0.9192)
母国制度环境	0.1608***	(2.6578)	0.1549**	(2.1791)
常数项	-16.3453***	(-6.1410)	-17.6249***	(-5.5449)
年份固定效应	是		是	
行业固定效应	是		是	
pseudo R^2	0.0896		0.0768	
N	1933		1375	

注：括号内数值是稳健的 z 统计量；*、**、*** 分别表示在 10%、5%、1% 水平上显著。

第五节　本章小结

随着中国产业转型升级加速，科技型企业对外直接投资快速增长，已经成为中国企业"走出去"的重要主体，但目前仍较为缺乏对于中国科技型企业对外直接投资的研究。在此背景下，本章构建中国科技型企业对外直接投资的微观数据集，考察技术创新对企业对外直接投资行为的影响。结论证实技术创新能力越强的企业越可能开展对外直接投资。本章进一步从专利类型、行业差异、东道国（地区）收入水平和投资动机等多个角度考察中国科技型企业对外直接投资的特征，得到结论如下：（1）高技术水平创新对企业对外直接投资的作用并不显著，而低技术水平创新对企业对外直接投资产生正向作用，这体现了我国对外投资企业的技术优势仍主要体现为渐进式创新而非颠覆式创新；（2）技术创新对服务业企业对外直接投资产生正向作用，而制造业企业对外直接投资更依赖规模优势而非技术优势；（3）技术创新能力越强的企业越有可能到高收入国家（地区）投资，但并不一定到中低收入国家（地区）投资；（4）技术创新能力强的企业不一定开展当地生产型对外投资，但有可能开展商贸服务型和技术研发型对外投资。

上述研究结果对于促进中国科技型企业开展 OFDI 具有一定的现实指导意义和政策启示：（1）科技型企业要更多地参与国际市场，必须提升技术创新能力，并根据自身的技术水平选择合适的投资区位和投资类型。特别是到发达国家开展 OFDI，母公司需具备较强的创新能力才能克服较高的海外投资成本或是获取逆向投资所带来的知识溢出。（2）不同行业企业需要根据行业特征做出 OFDI 决策。服务业企业开展 OFDI 需要较强的技术优势，而制造业企业参与国际市场则需要有较强的规模优势。（3）随着创新能力的不断增强，中国科技型企业应调整创新战略，加强颠覆式创新的研发投入，改变关键核心技术受制于人的被动局面。政府应加强知识产权保护，为科技型企业提供法律保障与政策激励。（4）随着投资贸易保护主义抬头，科技行业成为发达国家审查外国投资的重点领域，企业应加强风险评估，创新投资方式，提升境外合法合规经营水平。

第六章 企业生产率、国家特定优势与 OFDI 进入模式

本章从企业异质性理论出发,考察研究高技术行业企业生产率与 OFDI 模式选择之间的关系。另外,首次将国家特定优势与企业特定优势共同纳入分析框架,探讨国家特定优势对企业生产率与对外直接投资模式选择的调节作用,这对于拓展和深化新兴国家跨国投资理论有重要价值。

第一节 研究背景

跨国公司需要在权衡绿地投资与跨国并购优势和劣势下作出抉择。Hennart 和 Park(1993)认为,绿地投资为母公司提供了在海外市场保存和复制自身有价值的资源与能力的机会,但是与收购相比,这种模式需要更长的运营时间,并且可能需要企业建立有效的知识转移机制。尽管收购提供了快速的海外市场渗透,但收购方与目标公司之间往往存在文化、组织和技术上的不匹配,从而导致收购后的整合调控失败(Dikova et al.,2010)。因此,选择最佳的境外投资模式需要考虑母公司的特定优势、在国外市场获取互补资源的能力、行业特征和东道国环境等因素。正是由于涉及复杂因素,学者从资源基础理论、产业组织理论、交易成本经济学和制度理论等多个角度进行研究,但对于绿地投资与跨国并购决策产生差异的原因并未达成共识。这也为深入研究跨国公司决策,特别是对新兴市场国家投资模式的研究提供

了更多可能性。

中国企业对外直接投资进入模式的相关研究主要集中在以下几点：一是从生产率异质性视角的研究。周茂等（2015）、蒋冠宏和蒋殿春（2017）利用工业企业数据进行实证检验，结论显示生产率越高的企业越倾向于开展跨国并购。杨波和张佳琦（2017）利用中国上市公司的数据检验证实生产率越高的企业越倾向于开展绿地投资。二是非生产率异质性视角的研究。周经和蔡冬青（2014）基于2002—2011年中国70家企业对外投资数据进行检验，结果显示研发强度对中国企业选择新建投资模式有显著的正面影响。皮建才等（2016）构建一个两阶段动态博弈模型，分析民营企业逆向并购与绿地投资两种模式选择，结果表明，当国内企业与国外企业技术差距较大时，国内企业选择跨国并购的概率更高；当国内企业与国外企业技术差距较小时，国内企业选择绿地投资的可能性更大。吕萍和郭晨曦（2015）基于中国上市公司对欧盟主要发达国家对外直接投资的数据，研究治理结构对企业海外市场进入模式决策的影响机制，结果表明，国有股权、监事会规模对企业选择绿地投资的可能性起到正向作用；高管报酬总额比例对企业选择绿地投资的可能性起到负向作用；而独立董事比例越高的企业选择合资的概率越大。另外，林莎等（2014）认为，国际化经营丰富的企业更倾向于开展跨国并购。三是对东道国特征的考察。阎大颖（2008）认为东道国管制越严苛，企业越倾向于采取合资新建。李善民和李昶（2013）认为，对外直接投资企业更倾向于在工程建设速度快、市场需求波动较大和经济增长迅速的国家（地区）开展绿地投资，东道国情况相反则选择跨国并购的进入方式；企业更倾向于根据东道国鼓励的进入模式开展对外直接投资；与绿地投资的子公司相比，企业通过跨国并购进入方式获得的目标企业往往具有更大规模。

裴长洪和郑文（2011）认为新兴市场国家的对外投资现象不能仅仅从企业特定优势和东道国区位优势来进行阐释，因为其忽略了母国对企业跨国投资的优势支撑和决策影响。在现有研究的基础上，本章主要聚焦两个问题：一是高技术行业内生产率高的企业倾向于绿地投资还是跨国并购。Trax（2011）利用英国企业数据的检验结果显示技术密集型行业生产率高的企业更倾向于跨国并购。作为新兴市场国家，中国高技术行业整体仍处在全球价值链中低端，企业特定优势、投资动机等与发达国家跨国公司存在差异。本章阐述了企业生产率对中国科技型企业对外直接投资模式的内在影响机理，并利用微观数据进行经验检验。在样本选择上，本章通过对《境外投资企业（机构）名录》、Wind上市公司并购重组数据库和国泰安上市公司数据库进行匹配，按照国家统计局高技术行业分类标准，构建了2008—2015年中国科技型企业对外直接投资数据库。国际金融危机以来，中国高技术行业对外投资步伐加速，2008年以后的数据更能真实反映近十年来企业对外投资特征。在核心变量企业生产率的测算上，有别于周茂等（2015）、蒋冠宏和蒋殿春（2015）等采用OP方法以及杨波和张佳琦（2017）采用劳动生产率替代TFP，本章采用LP方法进行测算，并利用OP方法的测算结果作为替代变量进行稳健性检验，以防止估计方法导致结果存在偏误。二是国家特定优势是否影响企业生产率与OFDI进入模式的关系。本章首次将国家特定优势与企业特定优势共同纳入分析框架，探讨国家特定优势对企业生产率与对外直接投资模式选择的调节作用，这对于拓展和深化新兴国家跨国投资理论有重要价值。母国在产业组织、政策激励等方面的积极干预能够增强跨国公司的国际竞争优势，制度保障对企业开展对外投资起到助推作用（裴长洪和郑文，2011）。因此，基于制度视角将国家特定优势纳入分析框架，对于解释发展中国家OFDI模式选择更有说服力。

  基于以上分析，本章从企业异质性理论出发，通过匹配多个数据库构建2008—2015年科技型上市公司OFDI数据库，研究高技术行业企业生产率与OFDI模式选择之间的关系，并进一步基于制度观分析国家特定优势对企业生产率与OFDI进入模式关系的调节作用机制。

第二节 理论分析与研究假设

一 生产率异质性与 OFDI 进入模式

异质性理论放松了传统贸易理论中关于企业同质性的假设，从微观层面对企业国际生产方式进行了更加细致的解释。生产率是衡量企业异质性的一个最主要变量，因而诸多文献围绕企业生产率与出口、对外直接投资之间的抉择展开研究。异质性理论研究视角进一步拓展到企业生产率与对外直接投资模式之间的关系探讨，但研究偏少，结论也不尽一致。其原因在于企业对外投资模式的选择受到企业投资战略、制度环境等多种因素的影响。

异质性理论关于企业生产率与 OFDI 模式选择的主流观点是，生产率越高的企业开展绿地投资的可能性越大，而生产率越低的企业开展跨国并购的可能性越大。企业生产率与知识资产、研发能力、管理能力等无形资产密切相关。根据内部化理论，技术密集型企业往往通过母公司与子公司之间或者子公司之间的内部贸易来减少知识溢出所带来的损失（Helpman et al.，2004）。不具有无形资产优势的企业，更倾向于减少开发此类知识的时间和成本的收购模式（Chen，2008）。从交易成本理论来看，开展绿地投资的企业需要承担因东道国责任而产生的额外成本（Zaheer，1995）和适应当地环境而增加的外部整合成本（Slangen & Hennart，2008）。而跨国并购可以将自身核心能力的优势与本地经营良好的公司相结合，形成协同效应以更好地克服交易成本障碍（Demirbag et al.，2008）。因此，绿地投资所产生的费用只有在投资收益足够大时才产生价值，这需要企业具有足够高的生产效率；相反，跨国并购可以允许效率相对低的企业获取互补性资产（Nocke & Yeaple，2008）。Stepanok（2015）构建了国际贸易和对外直接投资模型，认为企业进入国际市场面临两个生产率阈值，一个将出口商与并购企业区分开，另一个将并购和绿地投资企业区分开。在垄断竞争环境下，跨国并购的主要动机是提高效率和转让技术与管理知识，在企业生产率异质性前提下，生产率最高的企业开展绿地投资而非跨国并购。特别是在考虑冰山运输成本的情况下，较低的贸易可变成本使绿地投资和跨国并购间的生产率门槛更为严格。在实证检验方面，Nocke 和 Yeaple（2007）通过将美国跨国公司按生产率分为"高""中""低"三组，发现生产率最高的企业倾向于选择绿地投资而非跨国并购。Raff 等（2009）利用日本企业的数据，研究了企业在国际贸易和对外投资间的一系列决策。结果显示，生产率越高，企业越倾向于选择对外直接投资而不是出口贸易，越倾向于选择绿地投资而不是跨国并购，越倾向于选择独资而非合资经营。而且，无论是在全资子公司还是合资企业中的绿地投资企业，其平均生产率都比选择并购企业高，规模也更大。

同时，还有一些研究与上述观点不尽一致。Nocke 和 Yeaple（2007）将行业差异性纳入分析框架，认为对于异质性主要体现在可流动能力（Mobile Capabilities）的行业，生产率高的企业更倾向于以跨国并购的方式开展对外直接投资，而生产率低的企业更倾向于以绿地投资进入国外市场；相反，对于异质性主要体现在不可流动能力（Non-Mobile Capabilities）的企业，生产率高的企业会选择绿地投资，而生产率低的企业则选择跨国并购。可能的解释是，如果企业异质性来源于可流动性强，那么最有效率的公司跨国并购国外具有特定生产优势的企业，与其特有的知识、技术等可流动资产形成互补。如果企业潜在生产力优势的可流动性较低，最有效率的公司不会付出高昂的成本来获取当地公司的知识资产，因为其生产率优势足以弥补其在国外市场的低效。Trax（2011）利用英国企业数据对 Nocke 和 Yeaple（2007）的观点进行验证。结论显示，在无形资产占比高的行业，跨国并购交易涉及生产率最高的企业，在其他行业跨国并购企业则是生产率最低的企业。Spearpot（2012）在非常用替代弹性函数（Non-CES）需求分析框架下进行分析,认为异质性企业在不同需求弹性下有不同的投资动机。高生产率企业往往通过资本投资获利,因为它们已经在收益最大化的临界点附近生产了产品。低生产率的公司也很少从投资中获利,因为其生产率本来就很低,任何收益都是微乎其微的。相反,中等生产率的公司有最大的动机开展额外投资。模型分析结果认为,所有的投资行为在生产率的中间区域达到一种均衡,在这一区域内生产率最高的企业选择并购而非绿地投资。进一步,利用北美工业企业数据库验证了中等生产率的企业对外投资额最高,随着生产率的提高,企业跨国并购额占对外投资额的比重也在提升。

上述观点是依据发达国家企业数据得出的结论。较为一致的前提假设:一是发达国家生产率高的企业拥有知识资产和管理经验等特定优势;二是绿地投资依赖于企业自身拥有的优势,而跨国并购的动机在于寻求互补性资源。但中国作为新兴市场国家,企业 OFDI 进入模式的选择可能与发达国家企业并不完全一致,需要立足于中国企业的现实情况进行深入分析。

首先,无论是绿地投资还是跨国并购,中国科技型企业开展对外投资多是为了"寻求资产"而不是"利用资产"。裴长洪和樊瑛(2010)认为中国企业的竞争优势主要表现为大规模低成本生产、市场定位能力、局部技术创新及市场销售能力。Jame Gouey 和宋立刚(2012)认为中国制造业对外直接投资的主要动机在于获取先进技术、品牌、管理经验等战略性资产,以提升其在全球价值链中的地位。特别是在高技术行业内,中国企业倾向于到发达国家开展技术寻求型对外直接投资。例如,科技型企业在发达国家设立研发中心,其动机在于利用当地丰富的知识资源来提升自身的竞争优势。这与前述发达国家企业开展绿地投资的主要动机在于"利用资产"的假设并不一致。原因在于,与发达国家的企业相比,中国生产率高的企业并不一定具有较强的知识资产、管理经验等特定优势。中国高技术行业的快速发展有赖于低成本和市场规模优势,但产品附加值偏低,创新能力不强,总体上仍处于全球价值链的中低端环节。

其次，相较于跨国并购，中国科技型企业开展绿地投资可能需要具备更高的生产率优势。一方面，生产率较高的企业相对拥有更为丰富的知识资产，与发达国家的技术差距较少，而皮建才等（2016）也证实与东道国技术差距较小的企业更倾向于开展绿地投资，与东道国技术差距较大的企业更倾向于开展跨国并购。另一方面，正如前文所述 Nocke 和 Yeaple（2007）、Raff 等（2009）以及 Stepanok（2015）等学者观点，企业选择跨国并购可以短时间进入国外市场，而绿地投资建设周期相对较长，对母公司的经营经验、技术实力等有更高要求。特别是到发达国家进行投资，生产率较高的企业才能够克服发达国家较高的生产成本和进入壁垒。由此，本章提出如下假设。

假设 6-1：在中国高技术行业内，生产率高的企业开展对外直接投资更倾向于选择绿地投资的市场进入模式。

二 企业生产率与 OFDI 进入模式：国家特定优势的调节作用

随着新兴市场国家对外投资额的急剧上升，制度因素成为解释对外直接投资行为的重要切入点。新兴经济体独特的制度环境影响企业的国际化经营战略（Boisot & Meyer，2008）。裴长洪和郑文（2011）认为母国为本国企业开展对外直接投资提供基础性条件；由行业、区位、规模等方面形成的国家特定优势是本国企业开展跨国经营的优势来源。中国在经济转型期间，跨国企业对外直接投资既可能来自企业自身具备的优势，也可能是政策支持等国家层面的因素（Buckley，2007）。中国科技型企业对外直接投资数量剧增的背后，伴随中国经济转型和创新驱动战略的实施。中国政府的政策引导和支持助推中国科技型企业竞争优势的形成，进而影响企业国际化经营模式的选择。本章从国有股权、政府补贴和市场化改革三个层面考察国家特定优势对企业生产率与OFDI模式选择的调节作用。其中，国有股权体现了中国所有制结构带来的政企关系差异；政府补贴则是国家促进高技术产业发展的重要政策工具；市场化改革体现了中国改革开放进程中释放的制度红利，这为科技型企业提升国际竞争力提供了制度保障。

（一）国有股权

在新兴市场国家，国家特定优势向企业特定优势转变过程中，不同所有制性质的企业间存在差异（Li et al.，2016）。中国对外直接投资的主体构成中，国有企业一直占据重要份额。2017年年末，中国非金融类对外直接投资存量16062.5亿美元，其中国有企业占49.1%。政治体制带来的异质性资源是国有企业竞争力的重要来源（裴长洪和樊瑛，2010）。国有企业优先获取特定资产的权力，奠定了新兴市场企业的初始竞争能力（柴忠东，2013）。一旦拥有综合竞争优势，国有企业可以在政府推动下加速国际化进程。国有企业可以获得更多政府投资优惠政策，例如提高海外投资项目获得核准的可能性等。

国有股权可能负向调节企业生产率与OFDI模式选择的关系。一方面，国有企业开展对外直接投资更多借助于自身的规模优势以及政府扶持所带来的制度便利和融资支持，降低了企业在选择OFDI进入模式时的生产率约束。国有企业的所有权安排决定了国有企业中存在生产效率损失和创新效率损失（吴延兵，2012）。张涛等（2018）测算了2009—2014年中国上市企业的生产效率，研究发现：国有制造业企业平均综合效率低于民营企业平均综合效率。在纯技术效率方面，民营企业占据较大优势，而国有企业在规模效率上占有优势。因此，国有企业的规模优势和制度便利可能会降低企业选择跨国并购或是绿地投资的生产率阈值。另一方面，国有企业的代理人制度使得企业在开展对外直接投资时更关注短期收益，跨国并购相比绿地投资而言是更为直接的方式。国有身份所带来的快速融资能力也为企业实现跨国并购提供有力支持。由此，本章提出如下假设。

假设6-2a：国有股权负向调节企业生产率与OFDI进入模式的关系。

（二）政府补贴

创新过程中的知识溢出导致市场失灵和企业创新动力不足。政府补贴是纠正这一市场外部性的重要公共政策之一。而且随着国家之间的科技竞争日益激烈，无论是发达国家还是发展中国家，都给予科技型产业以大量的财政补贴，帮助科技型企业在关键技术领域抢占领先地位。政府补贴是中国政府实施创新驱动战略，促进高技术产业发展的重要政策工具。政府补贴可以增强企业生产效率所带来的特定优势。一方面，根据资源基础理论，政府补贴可以分散企业创新不确定性所带来的风险（Carboni，2011；Kang & Park，2012），促进企业开展研发及创新活动，提升企业在人力资本、知识资产等方面的竞争优势。另一方面，政府补贴所具有的信号传递作用缓解企业研发融资约束（Czarnitzkin，2006；高艳慧等，2012）。科技型企业的核心资源是知识资产和人力资本。技术创新需要大量的研发投入，但创新活动的不确定性导致科技型企业与投资者之间存在信息不对称。获得政府补贴是企业及所在行业具有发展潜力的重要信号，科技型企业由此可能获得更多的融资支持，以用于技术研发和扩大生产规模，进而提升技术效率和生产效率。因此，获得高额政府补贴的企业，当其具有较高生产率时，可以借助政府补贴巩固并提升企业生产率高所带来的所有权优势，进而影响OFDI进入模式。由此，本章提出如下假设。

假设6-2b：政府补贴正向调节企业生产率与OFDI进入模式的关系。

（三）市场化改革

中国市场化改革进程不断释放生产力，成为推进中国经济健康持续发展的重要动力。市场化改革有利于科技型企业形成知识资产等特定优势，进而正向调节企业生产率与 OFDI 进入模式的关系。首先，市场化程度较高的地区，其产品市场、要素市场、市场中介组织的发育比较完善，有利于科技型企业充分利用市场进行资源优化配置，促进创新要素充分流动，提升企业生产率和实现利润最大化。其次，市场化程度较高的地区通常具有健全的知识产权保护体系和良好的法治环境，为企业创新提供了制度保障和政策激励。最后，市场化程度较高的地区具有完善的金融市场，有助于企业获得较高的信贷配给，降低企业开展研发等创新活动的融资成本，促进企业加快形成国际竞争优势。由此，本章提出如下假设。

假设 6-2c：市场化改革正向调节企业生产率与 OFDI 进入模式的关系。

第三节　模型构建与变量设定

一　研究样本和数据来源

本章通过商务部《境外投资企业（机构）名录》、Wind 企业并购数据库和国泰安上市公司数据库整理合并，构建科技型上市公司对外直接投资数据库。详细步骤和匹配过程见第三章。

为解决内生性问题，本章删除重复投资记录，只考察企业的首次对外投资行为。在剔除的 181 条企业重复投资记录中，66.3% 的企业二次投资方式与首次投资方式一致，20% 的企业由绿地投资转向跨国并购，14% 的企业由跨国并购转向绿地投资。可见，后续投资方式可能受到初始投资方式的影响。通过上述步骤的筛选和处理，共获得开展对外直接投资的科技型上市公司观测值 920 个，其中开展绿地投资的观测值 657 个，开展跨国并购的观测值 263 个。

二 计量模型设定

由于被解释变量为二值选择变量,本章采用 Logit 模型进行回归分析:

$$\Pr(Type_{it}=1\mid X_{it})=\beta_0+\beta_1 TFP_{i(t-1)}+\lambda_i \sum Control_{i(t-1)}+Dummies+\varepsilon_{it} \quad (6-1)$$

基准模型用于考察企业全要素生产率对企业创新绩效 OFDI 进入模式的影响,在此基础上,引入体现国家特定优势的三个指标与 TFP 的交互项,用于检验国家特定优势的调节作用,得到:

$$\Pr(Type_{it}=1\mid X_{it})=\beta_0+\beta_1 TFP_{i(t-1)}+\beta_2 TFP_{i(t-1)}\times State_{i(t-1)}+\\ \beta_3 TFP_{i(t-1)}\times Subsidies_{i(t-1)}+\beta_4 TFP_{i(t-1)}\times Market_{i(t-1)}+\\ \lambda_i \sum Control_{i(t-1)}+Dummies+\varepsilon_{it} \quad (6-2)$$

其中,Type 代表企业 OFDI 进入模式的二元虚拟变量,开展绿地投资取值为 1,开展跨国并购则取值为 0。核心解释变量 TFP 为企业全要素生产率。调节变量包括国有股权(State)、政府补贴(Subsidies)、市场化改革(Market)。控制变量包括企业规模(Size)、资本密集度(Kl)、利润率(Profit)、资产负债率(Debt)、组织冗余(Slack)、企业年龄(Age)、东道国知识产权保护(Property)、东道国投资开放度(Investment)和东道国政府廉洁程度(Corruption)。Dummies 为虚拟变量,包括行业虚拟变量和年份虚拟变量,用来控制与行业相关的不可观测因素以及宏观经济波动的影响。为避免内生性问题,解释变量滞后一期取值。

三 变量定义和度量

(一)企业全要素生产率

本章使用 LP 法对企业全要素生产率进行估计,同时为防止估计方法导致对企业生产效率的估计存在偏误,使用 OP 方法进行稳定性检验。具体测算方法详见第三章。

（二）调节变量

国有股权（*State*）采用国有股本占企业总股本的比重来表示。政府补贴（*Subsidies*）采用政府对企业的直接补贴作为测量指标，并进行对数化处理。市场化改革（*Market*）采用母公司所在省份的市场化指数来表示。数据来自王小鲁、樊纲和余静文的《中国分省份市场化指数报告（2016）》[①]。

（三）控制变量

根据已有研究，本章选取以下企业特征变量作为控制变量。其中，资本密集度（*Kl*）取资本总额与员工数比值的自然对数。企业规模（*Size*）用企业总资产取自然对数来表示。利润率（*Profit*）用净利润与销售收入的比值来表示。资产负债率（*Debt*）用负债总额与资产总额的比值来表示。组织冗余（*Slack*）用销售费用、财务费用与管理费用之和与销售收入的比值来表示。企业年龄（*Age*）用监测年份与企业成立年份之差来表示。

东道国制度环境是影响企业 OFDI 进入模式的重要因素。参考周茂等（2015）的做法，本章选取以下变量来体现东道国制度环境。其中，东道国知识产权保护（*Property*）采用东道国财产权保护指数作为代理变量，指数数值越大代表一国对知识产权保护的程度越高。东道国投资开放度（*Investment*）采用东道国对投资管制的自由度指数来表示，指数数值越大代表一国对投资的管制越宽松。东道国政府廉洁程度（*Corruption*）采用东道国政府廉洁指数来表示，指数数值越大代表一国的政府腐败程度越小。数据均来自美国传统基金会发布的全球经济自由度指数。

变量的定义、测量与数据来源详见表 6-1。

---

① 王小鲁、樊纲、余静文：《中国分省份市场化指数报告（2016）》，社会科学文献出版社 2017 年版。

表 6-1　　　　　　　　变量的定义、测量与数据来源

变量类型	变量名称	变量测量	数据来源
被解释变量	对外投资方式（Type）	开展绿地投资取值1，开展跨国并购取值0	《境外投资企业（机构）名录》和Wind企业并购数据库
解释变量	全要素生产率（TFP）	采用LP方法和OP方法进行测算	国泰安上市公司数据库
调节变量	国有股权（State）	国有股本数占企业总股本数的比重	国泰安上市公司数据库
调节变量	政府补贴（Subsidies）	政府对企业的直接补贴取自然对数	国泰安上市公司数据库
调节变量	制度环境（Market）	母公司所在省份的市场化指数	国泰安上市公司数据库
控制变量	企业规模（Size）	企业总资产取自然对数	国泰安上市公司数据库
控制变量	资本密集度（Kl）	资本总额与员工数比值取自然对数	国泰安上市公司数据库
控制变量	利润率（Profit）	净利润与销售收入的比值	国泰安上市公司数据库
控制变量	资产负债率（Debt）	负债总额与资产总额的比值	国泰安上市公司数据库
控制变量	组织冗余（Slack）	销售费用、财务费用与管理费用之和与销售收入的比值	国泰安上市公司数据库
控制变量	企业年龄（Age）	监测年份与企业成立年份之差	国泰安上市公司数据库
控制变量	东道国知识产权保护（Property）	东道国财产权保护指数	美国传统基金会全球经济自由度指数
控制变量	东道国投资开放度（Investment）	东道国投资自由度指数	美国传统基金会全球经济自由度指数
控制变量	东道国政府廉洁程度（Corruption）	东道国政府廉洁指数	美国传统基金会全球经济自由度指数

第四节　实证分析结果

一　描述性统计分析

本章对涉及变量进行了描述性统计分析和分组检验，并计算了变

量间的相关系数（见表6-2、表6-3）。结果显示，开展绿地投资企业全要生产率均值（8.3040）高于跨国并购企业（8.0756），且分组t检验结果在1%水平上显著，这一结果表明两类企业生产率的差异和理论假设预测的基本一致。表6-3为主要变量的相关系数矩阵。从表6-3可以看出，相关系数大多低于0.5，因此不存在严重的多重共线性问题。

表6-2　　　　　　　　主要变量描述性统计量

变量名称	均值	标准差	绿地投资企业均值	跨国并购企业均值	t检验统计量
Type	0.7141	0.4521	1	0	—
TFP	8.2386	1.2167	8.3040	8.0756	-2.5786***
State	0.0552	0.1494	0.0657	0.0291	-3.3736***
Subsidies	16.1756	1.5082	16.1723	16.1840	0.1064
Market	7.7804	1.5136	7.8341	7.6462	-1.7028*
Size	21.6463	1.1481	21.6713	21.5840	-1.0424
Kl	12.1518	0.9869	12.0954	12.2923	2.7424***
Profit	0.0961	0.2544	0.0786	0.1399	3.3192***
Debt	0.3684	0.2055	0.3797	0.3401	-2.6557***
Slack	0.3293	0.3235	0.3299	0.3280	-0.0777
Age	12.0033	5.4045	11.9772	12.0684	0.2313
Property	78.9302	20.5295	78.3360	80.3654	1.3411
Investment	71.3187	18.7628	71.2750	71.4242	0.1078
Corruption	75.7320	19.5532	75.8280	75.5000	-0.2274

注：笔者利用Stata14.0计算得到。*、***分别表示在10%、1%水平上显著。

表6-3 变量的相关系数矩阵

变量	Type	TFP	State	Subsidies	Market	Size	KI	Profit	Debt	Slack	Age	Property	Investment	Corruption
Type	1													
TFP	0.085**	1												
State	0.111***	0.172***	1											
Subsidies	-0.004	0.580***	0.140***	1										
Market	0.056*	0.061*	-0.148***	-0.012	1									
Size	0.034	0.875***	0.172***	0.611***	0.040	1								
KI	-0.090***	-0.274***	-0.092***	-0.145***	0.053	-0.122***	1							
Profit	-0.109***	0.080**	-0.009	0.100***	0.063*	0.043	-0.106***	1						
Debt	0.087***	0.529***	0.098***	0.262***	-0.065*	0.486***	-0.166***	-0.229***	1					
Slack	0.003	-0.440***	-0.061*	-0.122***	-0.074**	-0.248***	0.263***	-0.505***	-0.172***	1				
Age	-0.008	0.199***	0.022	0.171***	0.088***	0.251***	0.106***	-0.081**	0.195***	0.086***	1			
Property	-0.045	-0.166***	-0.138***	-0.057	0.039	-0.084**	0.142***	0.043	-0.168***	0.112***	-0.077**	1		
Investment	-0.004	-0.141***	-0.139***	-0.062*	0.056*	-0.080**	0.112***	0.032	-0.125***	0.079**	-0.098***	0.951***	1	
Corruption	0.008	-0.116***	-0.154***	-0.033	0.029	-0.041	0.153***	0.037	-0.101***	0.087***	-0.059*	0.915***	0.878***	1

注：***、**、*分别表示在1%、5%、10%水平上显著。

二 回归结果分析

本章采用Stata14.0软件检验前文提出的理论假设。为了避免存在多重共线性问题,在交互项相乘之前对变量进行中心化处理。检验结果见表6-4。模型1是对控制变量的回归;模型2包含了自变量和控制变量,用于验证理论假设6-1;模型3—模型6依次引入国有股权、政府补贴、市场化改革与全要素生产率的交互项,用于检验国家特定优势的调节效应。

表6-4　　　　　　　　主效应与调节效应回归结果

解释变量	模型1	模型2	模型3	模型4	模型5	模型6
TFP		0.4614* (1.8633)	0.4067 (1.6230)	0.5302** (2.1273)	0.4675* (1.8803)	0.4894* (1.9290)
$TFP \times State$			-1.3924** (-2.0564)			-2.5531*** (-2.9974)
$TFP \times Subsidies$				0.1807** (2.5197)		0.2548*** (3.2617)
$TFP \times Market$					-0.0904 (-1.2800)	-0.1177 (-1.5450)
$State$	2.3353*** (2.8908)	2.3831*** (2.9092)	3.4850*** (3.2242)	2.3318*** (2.7450)	2.2560*** (2.7535)	3.9660*** (3.3189)
$Subsidies$	-0.0585 (-0.6559)	-0.1095 (-1.1656)	-0.1013 (-1.0679)	-0.0894 (-0.9261)	-0.1020 (-1.0865)	-0.0702 (-0.7187)
$Market$	0.3033*** (3.8927)	0.2798*** (3.5641)	0.2843*** (3.6016)	0.2659*** (3.3498)	0.2357*** (2.7550)	0.2120** (2.4256)
$Size$	0.1106 (0.8040)	-0.2252 (-0.9946)	-0.1703 (-0.7415)	-0.3760 (-1.5937)	-0.2577 (-1.1239)	-0.3948 (-1.6172)
Kl	-0.1353 (-1.1850)	-0.1016 (-0.8720)	-0.0857 (-0.7303)	-0.0772 (-0.6514)	-0.0861 (-0.7307)	-0.0343 (-0.2836)
$Profit$	-1.9115* (-1.8278)	-1.7067 (-1.6529)	-1.6720 (-1.6140)	-1.4875 (-1.4502)	-1.8328* (-1.7376)	-1.4596 (-1.3792)

续表

解释变量	模型1	模型2	模型3	模型4	模型5	模型6
$Debt$	-0.4304 (-0.6614)	-0.5622 (-0.8555)	-0.5670 (-0.8566)	-0.5362 (-0.8203)	-0.5698 (-0.8571)	-0.5563 (-0.8254)
$Slack$	0.7395 (1.2808)	1.4023** (2.0568)	1.5390** (2.2174)	1.2308* (1.8087)	1.4116** (2.0516)	1.4158** (2.0013)
Age	0.0440* (1.8441)	0.0426* (1.7792)	0.0347 (1.4276)	0.0418* (1.7055)	0.0407* (1.6944)	0.0286 (1.1419)
$Property$	-0.1252*** (-5.3748)	-0.1201*** (-5.1397)	-0.1203*** (-5.1079)	-0.1295*** (-5.3874)	-0.1190*** (-5.1047)	-0.1307*** (-5.3804)
$Corruption$	0.0694*** (3.5371)	0.0683*** (3.4808)	0.0657*** (3.3148)	0.0751*** (3.7857)	0.0678*** (3.4690)	0.0716*** (3.5840)
$Investment$	0.0629*** (4.2402)	0.0609*** (4.1176)	0.0630*** (4.2188)	0.0640*** (4.2813)	0.0598*** (4.0325)	0.0675*** (4.4120)
常数项	-2.1000 (-0.7230)	1.5330 (0.4407)	0.5089 (0.1434)	3.6791 (0.9972)	2.2886 (0.6533)	4.1856 (1.0869)
年份固定效应	是	是	是	是	是	是
行业固定效应	是	是	是	是	是	是
pseudo R^2	0.1595	0.1647	0.1706	0.1757	0.1672	0.1921

注：表中括号内为 z 统计值；***、**、* 分别表示在1%、5%、10%水平上显著。

从表6-4的模型2中可以看出，在考虑了控制变量和年份、行业固定效应的情况下，企业全要素生产率的回归系数为0.4614，且通过了显著性检验，且在后续加入调节变量后的模型3—模型6中仍较为稳健，这表明企业全要素生产率对企业开展绿地投资产生显著的正向作用，即生产率越高，企业开展绿地投资的可能性越大，从而理论假设6-1得到支持。

表6-4中模型3—模型6考察了国家特定优势的调节效应。模型3加入了国有股权与企业全要素生产率的交互项，回归结果显示交互项系数为-1.3924，且在5%的水平上显著，这说明国有股权负向调节企业全要素生产率与OFDI进入模式的关系，假设6-2a得到支持。在模型4中，政府补贴与企业全要素生产率的交互项系数为0.1807，且通过显著性检验，这意味着政府补贴对企业全要素生产率与OFDI进入模式

的关系起到正向调节作用,从而支持了假设 6 – 2b。在模型 5 中,市场化改革与企业全要素生产率的交互项回归系数未通过显著性检验,说明市场化改革的调节作用并不明显。中国许多省份的市场化改革还不彻底,特别是技术要素市场化程度较低,创新要素的资源配置效率不高,知识产权制度不健全,培育和塑造科技型企业竞争优势的制度环境尚待优化。在模型 6 中将全部变量同时纳入模型进行回归检验,其结果与模型 1—模型 5 的检验结果基本一致。

我们进一步绘制了国有股权和政府补贴的调节效应图。图 6 – 1 显示,在国有股权低组,企业全要素生产率—OFDI 进入模式关系的斜率更大,说明国有股权越低,生产率高的企业开展绿地投资的可能性越大,即国有股权负向调节企业生产率与 OFDI 进入模式的关系,因此假设 6 – 2a 得到支持。同样,图 6 – 2 表明在政府补贴高组,企业全要素生产率—OFDI 进入模式关系的斜率更大,说明政府补贴越高,企业全要素生产率对 OFDI 进入模式的影响越大,即政府补贴正向调节企业全要素生产率与 OFDI 进入模式的关系,因此假设 6 – 2b 得到支持。

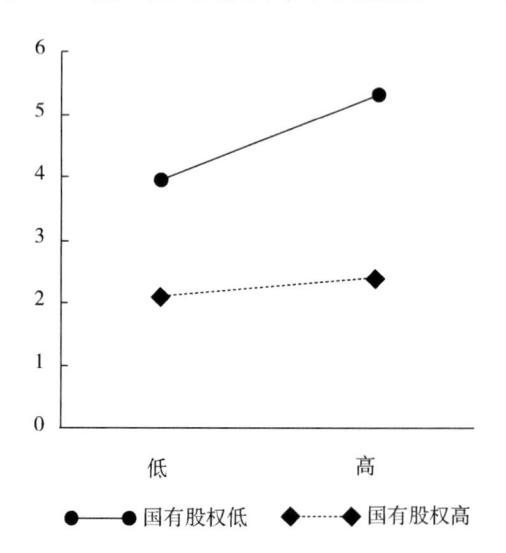

图 6 – 1 国有股权对企业全要素生产率—OFDI 进入模式关系的调节

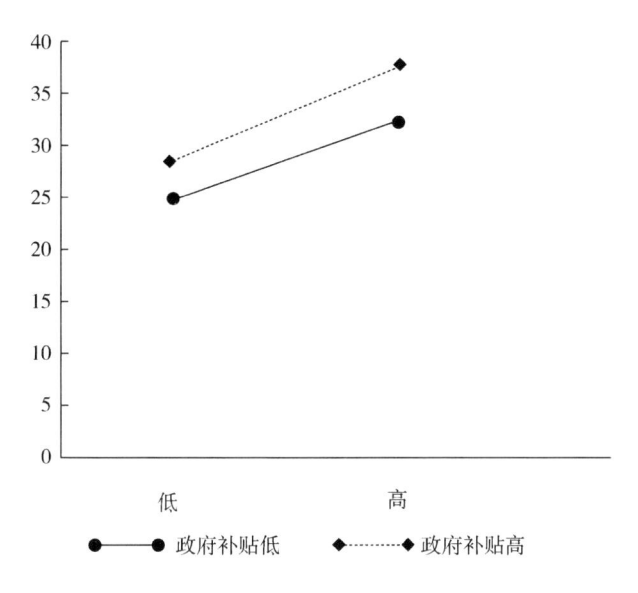

图 6-2 政府补贴对企业全要素生产率—OFDI 进入模式关系的调节

三 稳健性检验

为了进一步检验结果的稳健性,我们对企业全要素生产率这一核心变量采用 OP 测算方法进行替换,然后重新进行回归分析,结果见表 6-5。模型 2 是主效应,结果显示,企业全要素生产率的回归系数显著为正,这表明生产率高的企业更倾向于开展绿地投资。模型 3—模型 6 是对调节效应的稳健性检验,检验结果与前文保持高度的一致性,表明本章的检验结果是稳健的。

表 6-5　　　　　　　　　稳健性检验结果

解释变量	模型 1	模型 2	模型 3	模型 4	模型 5	模型 6
TFP		0.4303 * (1.8175)	0.2946 (1.2158)	0.5372 ** (2.2164)	0.4590 * (1.9102)	0.4678 * (1.8653)

续表

解释变量	模型1	模型2	模型3	模型4	模型5	模型6
$TFP \times State$			-5.3608*** (-3.4458)			-6.4385*** (-3.8397)
$TFP \times Subsidies$				0.2101** (2.0909)		0.3221*** (2.9778)
$TFP \times Market$					0.1566 (1.3800)	0.1493 (1.2533)
$State$	2.3353*** (2.8908)	2.3847*** (2.9333)	3.9879*** (3.6582)	2.3809*** (2.8732)	2.5014*** (3.0411)	4.4771*** (3.9178)
$Subsidies$	-0.0585 (-0.6559)	-0.0891 (-0.9786)	-0.0793 (-0.8551)	-0.0763 (-0.8250)	-0.0897 (-0.9789)	-0.0609 (-0.6402)
$Market$	0.3033*** (3.8927)	0.2754*** (3.4800)	0.2877*** (3.5887)	0.2701*** (3.3891)	0.3155*** (3.7273)	0.3150*** (3.6750)
$Size$	0.1106 (0.8040)	0.0028 (0.0186)	0.0358 (0.2347)	-0.0797 (-0.5128)	0.0052 (0.0343)	-0.0878 (-0.5522)
Kl	-0.1353 (-1.1850)	-0.3021** (-2.0624)	-0.2313 (-1.5403)	-0.2902** (-1.9607)	-0.3279** (-2.1941)	-0.2398 (-1.5562)
$Profit$	-1.9115* (-1.8278)	-1.8816* (-1.7960)	-1.6121 (-1.5523)	-1.8189* (-1.7311)	-1.7527* (-1.6856)	-1.3462 (-1.3061)
$Debt$	-0.4304 (-0.6614)	-0.5884 (-0.8925)	-0.5206 (-0.7776)	-0.5727 (-0.8757)	-0.4814 (-0.7250)	-0.4072 (-0.6145)
$Slack$	0.7395 (1.2808)	1.5104** (2.0815)	1.7306** (2.3502)	1.4474** (2.0057)	1.5832** (2.1776)	1.7919** (2.4627)
Age	0.0440* (1.8441)	0.0474** (1.9671)	0.0415* (1.7084)	0.0459* (1.8906)	0.0508** (2.0862)	0.0416* (1.6715)
$Property$	-0.1252*** (-5.3748)	-0.1202*** (-5.1558)	-0.1200*** (-5.0548)	-0.1247*** (-5.2472)	-0.1187*** (-5.0674)	-0.1255*** (-5.1273)
$Corruption$	0.0694*** (3.5371)	0.0684*** (3.5053)	0.0622*** (3.1098)	0.0729*** (3.6829)	0.0669*** (3.4051)	0.0667*** (3.2567)
$Investment$	0.0629*** (4.2402)	0.0598*** (4.0258)	0.0644*** (4.2710)	0.0595*** (3.9876)	0.0608*** (4.0905)	0.0660*** (4.3185)
常数项	-2.1000 (-0.7230)	-0.7459 (-0.2495)	-1.5003 (-0.4928)	-0.0916 (-0.0296)	-1.2757 (-0.4186)	-0.8568 (-0.2635)
年份固定效应	是	是	是	是	是	是
行业固定效应	是	是	是	是	是	是
pseudo R^2	0.1595	0.1645	0.1841	0.1712	0.1673	0.1994

注：表中括号内为z统计值；***、**、*分别表示在1%、5%、10%水平上显著。

第五节 本章小结

有别于发达国家的跨国公司，新兴市场国家的科技型企业整体仍处于全球价值链的中低端环节，其开展对外直接投资更多的是"寻求资产"而不是"利用资产"。本章立足中国企业实践，通过构建2008—2015年中国科技型上市公司对外直接投资数据库，对企业生产率与OFDI进入模式的关系这一异质性理论的重要命题进行机理分析与实证检验，并将国家特定优势纳入分析框架，考察了国有股权、政府补贴和市场化改革的调节作用。研究结果表明：在高技术行业内，生产率越高的企业越倾向于选择绿地投资；国有股权对生产率与OFDI进入模式的关系起到负向调节作用，政府补贴对生产率与OFDI进入模式的关系起到正向调节作用，而市场化改革的调节作用并不显著。

本章的研究有如下重要启示：第一，科技型企业需要结合自身生产率特征选择最优的市场进入策略。新一轮技术革命正重塑世界科技竞争格局，中国科技型企业通过对外直接投资实现全球资源的优势互补。选择合适的市场进入策略是企业国际化成败的关键。绿地投资和跨国并购之间存在生产率阈值。从经验检验来看，企业开展绿地投资需要具备较高的生产率优势。第二，贸易保护主义抬头，中国科技型企业对外直接投资面临更加严苛的投资壁垒和交易不确定性增加带来的风险。特别是美国、德国等发达国家对高新技术行业的国外投资审查日趋严格，中国企业在发达国家开展跨国并购屡屡受阻。中国科技型企业可以通过设立研发机构、建立合资企业、设立科技园区等绿地投资方式更好地熟悉当地的消费需求、获取前沿技术和知识网络。第三，政府需要进一步加强政策引导和制度变革，为科技型企业特定优势的形成提供优良环境，提升企业全球价值链地位。特别是要加快推进科技创新领域的市场化改革，完善知识产权保护体系，为科技型企业发展创造良好创新环境。

本章的理论贡献在于：第一，针对中国科技型企业 OFDI 进入模式的异质性因素进行了全面考察，为研究技术密集型行业内企业全要素生产率与 OFDI 进入模式的关系提供了新兴市场国家的直接证据；第二，本章基于新兴市场国家的制度特征，首次将国家特定优势纳入实证研究框架，从国有股权、政府补贴和市场化改革三个维度研究了国家特定优势对企业生产率与 OFDI 进入模式关系的调节作用，拓展了现有研究的边界。研究可拓展之处在于：第一，为避免内生性问题，本章删除了企业重复投资记录，之后的研究可以加深对企业后续投资模式异质性因素的考察；第二，国家特定优势的多维度考量以及其对微观主体国际化经营绩效的作用机理有待更深层次的研究。

第七章　中国科技型企业对外直接投资绩效：基于 PSM 和 DID 方法的研究

本章采用倾向得分匹配（Propensity Score Matching，PSM）和双重差分（Differences-in-Differences，DID）方法对中国科技型企业对外直接投资绩效进行系统估计。以往对中国科技型企业投资绩效的研究多是采用案例分析法、事件研究法和回归分析法，本章以全要素生产率这一综合指标表征投资绩效，采用基于倾向得分匹配的双重差分法，系统考察了 OFDI 对中国科技型企业全要素生产率的平均效应和动态效应；进一步，按照投资方式（绿地投资和跨国并购）、投资动机（商贸服务型、当地生产型和技术研发型）和东道国收入水平（高收入国家和中低收入国家）进行分类估计，从投资特征视角考察了 OFDI 生产率效应的差异性。该研究为科技型企业理性选择对外投资策略提供了科学依据。

第一节　研究方法、模型设定与数据来源

一　倾向得分匹配法和双重差分法

对外直接投资企业可能在投资之前就比非对外直接投资企业的生产效率高，所以，如果直接采用 OLS 回归方法来估计对外直接投资的

生产率效应，可能造成样本选择偏误或遗漏变量等内生性问题。参考冼国明和明秀南（2018）的做法，采用倾向得分匹配法和双重差分法从微观层面考察对外直接投资是否提升了中国科技型企业的全要素生产率。首先，考察PSM匹配与实验组特征最为接近的对照组，具体步骤如下：第一，将对外直接投资企业作为实验组，非对外直接投资企业作为对照组。第二，构建一个被解释变量为二元虚拟变量的Logit回归模型，估计倾向得分。其中，实验组取值为1，对照组取值为0，解释变量是能够影响两组相似度的若干指标。参考已有研究，选取资本密集度（Kl）、企业规模（Size）、利润率（Profit）、资产负债率（Debt）、组织冗余（Slack）、企业年龄（Age）、企业所有制性质（State）、无形资产（Assets）、企业所有制性质（State）、政治关联（PC）作为协变量。第三，根据倾向得分值，选取匹配方法从对照组中寻找与实验组企业倾向得分最接近的企业。然后，利用匹配后的实验组和对照组进行DID回归。研究采用面板数据双向固定效应模型来控制企业个体差异和时间差异，基本模型如下：

$$TFP_{it}^{psm} = a_0 + a_i + a_t + \beta DZ_i \times T + \gamma Control_{it} + \varepsilon_{it} \quad (7-1)$$

其中，TFP_{it}为企业全要素生产率，a_i为个体固定效应，a_t为时间固定效应。DZ_i和T分别为组间虚拟变量和时间虚拟变量。如果企业开展对外直接投资，DZ_i取值为1；如果企业未开展对外直接投资，DZ_i取值为0。时间虚拟变量T区分企业开展对外直接投资前后年份，开展对外投资之前标记为0，开展对外投资之后标记为1。$Control_{it}$为企业控制变量组，参考已有研究，本章选取资本密集度（Kl）、企业规模（Size）、利润率（Profit）、资产负债率（Debt）、组织冗余（Slack）、企业年龄（Age）作为控制变量。ε_{it}为随机扰动项。本章还加入了地区层面和行业层面的虚拟变量，以控制企业在地区和行业等方面的不可观测因素对企业全要素生产率的影响。参考王桂军和卢潇潇（2019）等的做法，由于模型中已控制个体固定效应和时间固定效应，因此模型中不必再加入DZ_i和T。重点关注交互项系数β，它反映了排除其他干扰因素后对外直接投资对企业全要素生产率的因果效应。

对外直接投资对科技型企业全要素生产率的影响可能存在滞后效应。一方面，无论是绿地投资还是跨国并购，企业开展国际化经营都需要一定的时间来进行资源整合、适应东道国经营环境以及实现公司各部门的协调分工。另一方面，企业通过对外直接投资学习先进技术和管理经营经验，然后通过逆向技术溢出反馈给母公司，进而实现生产率的提升，这需要一个消化、吸收、整合的过程。因此，对外直接投资对科技型企业全要素生产率的影响可能具有一定的滞后性或是持续性。借鉴钱雪松等（2018）处理双重差分模型滞后效应的方法，将基准模型修改为以下动态形式，以识别对外直接投资对高技术企业生产率作用的变化趋势：

$$TFP_{it}^{psm} = a_0 + a_i + a_t + \beta_0 DZ_i \times T_0 + \beta_1 DZ_i \times T_1 + \beta_2 DZ_i \times T_2 + \beta_3 DZ_i \times T_{3\_} + \gamma Control_{it} + \varepsilon_{it} \quad (7-2)$$

其中，T_0、T_1、T_2、$T_{3\_}$ 为年份虚拟变量，分别在对外直接投资当年、投资后第一年、投资后第二年、投资后第三年及以后取值为1，其他年份取值为0，将其与分组变量 DZ_i 作交互项。其他变量定义与式（7-1）一致。

二 变量定义与数据来源

企业全要素生产率采用 LP 方法来测算，详见第三章。根据已有研究，本章选取以下企业特征变量作为协变量。其中，资本密集度（Kl）取资本总额与员工数比值的自然对数。企业规模（Size）用企业员工总数的自然对数表示。利润率（Profit）用净利润与销售收入的比值表示。资产负债率（Debt）用负债总额与资产总额的比值表示。组织冗余（Slack）用销售费用、财务费用与管理费用之和与销售收入的比值表示。企业年龄（Age）用监测年份与企业成立年份之差表示。无形资产（Assets）用企业无形资产总额的自然对数表示。企业所有制性质（State）

为二值虚拟变量，国有企业取值为1，否则取值为0。政治关联（PC）为二值虚拟变量，用企业高管担任各级人大代表、政协委员或曾在政府相关部门、军队任职形成的政治关联表示。当企业高管均无政治背景时，取值为0，否则为1。变量的定义、测量与数据来源详见表7-1。

表7-1 变量的定义、测量与数据来源

变量类型	变量名称	变量测量	数据来源
结果变量	企业全要素生产率（TFP）	企业生产效率，采用LP和OP方法测算	《境外投资企业（机构）名录》、Wind企业并购数据库、国泰安上市公司数据库
处理变量	是否对外直接投资（Type）	开展对外投资取值1，否则取值0	《境外投资企业（机构）名录》、Wind企业并购数据库、国泰安上市公司数据库
协变量	企业规模（Size）	企业员工总数取自然对数	国泰安上市公司数据库
协变量	资本密集度（Kl）	资本总额与员工数比值取自然对数	国泰安上市公司数据库
协变量	利润率（Profit）	净利润与销售收入的比值	国泰安上市公司数据库
协变量	资产负债率（Debt）	负债总额与资产总额的比值	国泰安上市公司数据库
协变量	组织冗余（Slack）	销售费用、财务费用与管理费用之和与销售收入的比值	国泰安上市公司数据库
协变量	企业年龄（Age）	监测年份与企业成立年份之差	国泰安上市公司数据库
协变量	无形资产（Assets）	企业无形资产总额取自然对数	国泰安上市公司数据库
协变量	国有股权（State）	国有股本数占企业总股本数的比重	国泰安上市公司数据库
协变量	政治关联（PC）	当企业高管具有政治背景时，取值为1，否则为0	国泰安上市公司数据库

第二节 平均效应和动态效应

一 PSM 匹配结果

首先采用倾向得分匹配（PSM）方法为实验组寻找对照组。通过 Logit 模型估计得到企业开展对外直接投资的倾向得分，并依此运用最近邻匹配方法为实验组企业样本匹配到合适的对照组企业。根据匹配前后标准化偏差和 t 统计量的变化来判断匹配过程的有效性。以最近邻匹配方法为例，其平衡性条件检验结果见表7-2，匹配后各变量的标准化偏差小于10%，而且从 t 检验的结果来看，实验组与对照组在匹配后均无显著差异，说明匹配满足了平衡性假设，匹配得到的对照组企业能够控制样本的自选择效应。匹配前后的核密度图如图7-1所示。根据倾向得分匹配法，最终获得2370个观察值，其中对照组有1378个观测值，实验组有992个观测值。

表7-2　　　　　PSM 匹配样本的平衡性条件检验

变量	类型	均值 实验组	均值 对照组	标准化偏差（%）	t 统计量	P 值
Kl	匹配前	12.127	12.212	-9.6	-2.32	0.020
Kl	匹配后	12.146	12.180	-3.8	-0.88	0.379
$Size$	匹配前	21.714	21.406	30.8	7.58	0.000
$Size$	匹配后	21.659	21.716	-5.7	-1.23	0.220
$Debt$	匹配前	0.357	0.361	-2.0	-0.49	0.628
$Debt$	匹配后	0.352	0.343	4.1	0.93	0.354
$Profit$	匹配前	0.098	0.075	12.7	2.97	0.003
$Profit$	匹配后	0.098	0.094	2.4	0.67	0.504
$Slack$	匹配前	0.320	0.315	2.5	0.60	0.548
$Slack$	匹配后	0.320	0.325	-1.9	-0.43	0.664

续表

变量	类型	均值 实验组	均值 对照组	标准化偏差（%）	t统计量	P值
Age	匹配前	12.339	13.705	-24.8	-6.01	0.000
Age	匹配后	12.324	12.693	-6.7	-1.55	0.120
Assets	匹配前	18.328	18.014	22.7	5.53	0.000
Assets	匹配后	18.284	18.358	-5.4	-1.21	0.225
State	匹配前	0.254	0.342	-19.3	-4.63	0.000
State	匹配后	0.256	0.284	-6.2	-1.42	0.157
PC	匹配前	0.098	0.075	12.7	2.97	0.003
PC	匹配后	0.098	0.094	2.4	0.67	0.504

注：利用Stata14.0计算所得。

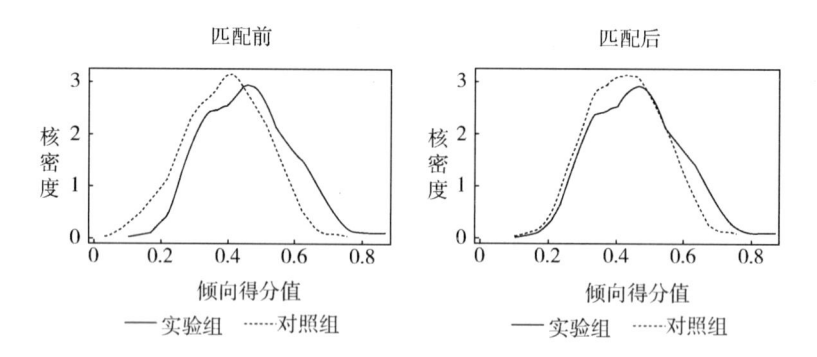

图7-1 匹配前后核密度图对比

二 回归结果分析

根据式（7-1）采用固定效应估计面板双重差分模型，实证检验对外直接投资对科技型企业全要素生产率的影响，估计结果见表7-3。模型（1）只加入双重差分虚拟变量，模型（2）引入企业层面的控制变量。所有模型均控制了个体固定效应、年份固定效应、行业固定效应和地区固定效应，并采用稳健标准误估计。从模型（1）回归的结果来看，交互项$DZ \times T$的系数为0.151，且在1%的水平上通过显著性检验。引入企业层面的控制变量后,交互项 $DZ \times T$ 的系数为 0.081,并在 5% 的水平上通过显著性检验。交互项 DID 的估计系数符号和显著性水平没有发生显著变化,这说明对外直接投资显著促进了科技型企业全要素生产率的提升。一方面,在研发国际化趋势下,中国越来越多的科技型企业通过在国外设立研发机构、并购技术领先企业、建立研发联盟等方式实现开放式创新,研发新产品和新技术,并获取先进管理经验,进而提高企业创新能力和生产效率。另一方面,科技型企业开展对外直接投资,通过规模效应和利润反馈机制,进一步降低母公司的平均研发成本,提升企业的全要素生产率。

表 7-3　　　　　　　　　基准回归结果

解释变量	平均效应		动态效应	
	模型(1)	模型(2)	模型(3)	模型(4)
$DZ \times T$	0.151*** (2.959)	0.081** (2.487)		
$DZ \times T_0$			0.157*** (2.900)	0.078** (2.264)
$DZ \times T_1$			0.151** (2.490)	0.083** (2.118)
$DZ \times T_2$			0.136* (1.930)	0.099** (2.441)
$DZ \times T_{3-}$			0.085 (0.837)	0.045 (0.800)
Kl		0.229*** (5.832)		0.230*** (5.853)
$Size$		0.580*** (13.198)		0.580*** (13.155)
$Debt$		0.278** (2.212)		0.273** (2.174)
$Profit$		0.030 (0.126)		0.026 (0.111)
$Slack$		-1.912*** (-8.950)		-1.916*** (-8.943)

续表

解释变量	平均效应		动态效应	
	模型（1）	模型（2）	模型（3）	模型（4）
Age		0.049*** (5.504)		0.050*** (5.431)
Cons	8.683*** (87.882)	1.465** (2.549)	8.676*** (87.840)	1.436** (2.498)
个体固定效应	是	是	是	是
时间固定效应	是	是	是	是
行业固定效应	是	是	是	是
地区固定效应	是	是	是	是
N	2367	2367	2367	2367
adj. R²	0.350	0.116	0.707	0.514

注：回归均采用稳健标准误估计，括号内为 t 值；***、**、* 分别表示在1%、5%、10%的水平上显著。

上述研究通过倾向得分匹配法和双重差分法证实了科技型企业对外直接投资对全要素生产率具有正向作用，进一步研究 OFDI 对企业生产效率的动态效应，详细估计结果见表7-3。模型（3）只加入双重差分虚拟变量，模型（4）引入企业层面的控制变量，且均控制了个体固定效应、年份固定效应、行业固定效应和地区固定效应，并采用稳健标准误估计。从模型（3）的估计结果来看，在投资基期以及滞后1期、滞后2期交互项的系数均为正值，且通过显著性检验。在滞后三期及以后交互项的系数为正，但未通过显著性检验。模型（4）引入企业层面的控制变量后，投资基期交互项的系数为0.078，且在5%的水平上通过了显著性检验。滞后1期和滞后2期交互项的系数分别为0.083和0.099，且通过显著性检验。滞后3期及以后交互项系数为0.045，但未通过显著性检验。这说明对外直接投资对科技型企业全要素生产率的提升作用逐步增强。在投资当年，对外直接投资的正向作用偏弱，随着企业深度融入东道国市场并实现内部与外部资源的有效整合，对外直接投资产生的逆向技术溢出效应开始显现，对外直接投资对全要素生产率的促进作用逐步增强。在对外直接投资发生三年以后，当企业已经掌握先进的技术及管理经营时，企业从对外直接投资中获取的逆向技术溢出可能存在边际递减效应，因此后期对外直接投资产生的作用不再显著。

三 稳健性检验

为了进一步检验结论的稳健性，一是分别采用核匹配方法（Kernel）和半径（卡尺）匹配方法（Caliper）进行倾向得分匹配，在此基础上进行双重差分估计；二是采用 OP 方法测算全要素生产率，对结论进行稳健性检验。估计结果详见表 7-4。从平均效应来看，采用核匹配方法和半径（卡尺）匹配方法进行倾向得分匹配，双重差分的交互项系数均为正，且通过了显著性检验。用 OP 方法测算的全要素生产率进行稳健性检验，交互项系数仍显著为正，从而说明结论是稳健的。从动态效应来看，采用核匹配方法和半径（卡尺）匹配方法进行稳健性检验，结论显示对外直接投资对科技型企业全要素生产率的提升作用呈现逐步增强的趋势，在滞后三期及以后交互项系数下降且不再显著。用 OP 方法测算的全要素生产率进行稳健性检验，呈现相同的趋势，进一步证实了结论是稳健的。

表 7-4　　　　　　　　　稳健性检验结果

解释变量	平均效应			动态效应		
	Kernel	Caliper	TFP_OP	Kernel	Caliper	TFP_OP
$DZ \times T$	0.081** (2.487)	0.079** (2.422)	0.081** (2.482)			
$DZ \times T_0$				0.078** (2.264)	0.077** (2.253)	0.078** (2.264)
$DZ \times T_1$				0.083** (2.118)	0.078* (1.946)	0.082** (2.106)

续表

解释变量	平均效应			动态效应		
	Kernel	Caliper	TFP_OP	Kernel	Caliper	TFP_OP
$DZ \times T_2$				0.099 ** (2.441)	0.098 ** (2.349)	0.099 ** (2.432)
$DZ \times T_{3\_}$				0.045 (0.800)	0.047 (0.851)	0.045 (0.801)
Kl	0.229 *** (5.832)	0.228 *** (6.013)	0.228 *** (5.794)	0.230 *** (5.853)	0.228 *** (6.036)	0.228 *** (5.816)
$Size$	0.580 *** (13.198)	0.570 *** (13.325)	-0.073 * (-1.668)	0.580 *** (13.155)	0.570 *** (13.281)	-0.073 *** (-1.666)
$Debt$	0.278 ** (2.212)	0.308 *** (2.595)	0.274 ** (2.181)	0.273 ** (2.174)	0.303 ** (2.555)	0.270 ** (2.143)
$Profit$	0.030 (0.126)	0.319 ** (2.127)	0.030 (0.127)	0.026 (0.111)	0.316 ** (2.100)	0.027 (0.112)
$Slack$	-1.912 *** (-8.950)	-1.866 *** (-9.321)	-1.913 *** (-8.960)	-1.916 *** (-8.943)	-1.869 *** (-9.312)	-1.918 *** (-8.953)
Age	0.049 *** (5.504)	0.052 *** (6.055)	0.049 *** (5.483)	0.050 *** (5.431)	0.053 *** (5.941)	0.049 *** (5.409)
$Cons$	1.465 ** (2.549)	1.443 ** (2.578)	5.971 *** (10.368)	1.436 ** (2.498)	1.415 ** (2.531)	5.941 *** (10.322)
个体固定效应	是	是	是	是	是	是
时间固定效应	是	是	是	是	是	是
行业固定效应	是	是	是	是	是	是
地区固定效应	是	是	是	是	是	是
N	2370	2335	2370	2370	2335	2370
adj. R^2	0.692	0.705	0.488	0.692	0.705	0.488

注：回归均采用稳健标准误估计，括号内为t值；***、**、*分别表示在1%、5%、10%的水平上显著。

第三节 按对外直接投资特征的分类检验

上述实证结果显示，科技型企业开展对外直接投资能够提升企业全要素生产率。需要指出的是,科技型企业对外直接投资的方式、动机和东道国环境等差异可能会影响境外投资绩效。因此,有必要进一步从企业对外直接投资特征差异视角考察 OFDI 生产率效应的异质性。

一 绿地投资与跨国并购的差异化分析

企业通过绿地投资和跨国并购两种方式开展对外直接投资。绿地投资为母公司提供了在海外市场保存和复制自身有价值的资源与能力的机会,但是与收购相比,这种模式需要更长的运营时间,并且可能需要企业建立有效的知识转移机制(Hennart & Park,1993)。尽管收购提供了快速的海外市场渗透,但收购方与目标公司之间往往存在跨文化、组织和技术上的不匹配,导致收购后的整合面临挑战甚至失败(Dikova et al.,2010)。因此,有待进一步实证考察绿地投资和跨国并购是否促进了企业效率提升以及其动态效应如何等问题。

对开展绿地投资企业与未开展对外直接投资企业进行倾向得分匹配,然后进行 DID 估计,其估计结果见表 7－5 检验结果的 1—4 列。从平均效应来看,绿地投资对企业全要素生产率的作用为正,但未通过显著性检验。利用 OP 方法测算的全要素生产率进行稳健性检验,仍得出一致结论。从动态效应来看,交互项系数为正且呈现先上升后下降的趋势,在投资后第二期达到最高值,且在 5% 的水平上通过显著性检验。这说明绿地投资对科技型企业生产率的作用存在明显的滞后效应。绿地投资建设周期相对较长,同时需要承担适应东道国市场环境的外部整合成本,从而导致绿地投资当期的生产率效应并不显著。随着企业逐步嵌入当地生产体系和知识网络,绿地投资的生产率效应才能逐渐显现。

对开展跨国并购企业与未开展对外直接投资企业进行倾向得分匹配,然后进行 DID 估计,其估计结果见表 7－5 检验结果的 5—8 列。从平均效应来看,跨国并购对企业全要素生产率的作用为正,且通过

表 7-5　基于投资方式差异的回归结果

解释变量	绿地投资 平均效应 TFP_LP	绿地投资 平均效应 TFP_OP	绿地投资 动态效应 TFP_LP	绿地投资 动态效应 TFP_OP	跨国并购 平均效应 TFP_LP	跨国并购 平均效应 TFP_OP	跨国并购 动态效应 TFP_LP	跨国并购 动态效应 TFP_OP
$DZ \times T$	0.047 (1.359)	0.047 (1.354)			0.208*** (2.884)	0.208*** (2.883)		
$DZ \times T_0$			0.038 (1.113)	0.038 (1.111)			0.204** (2.486)	0.204** (2.489)
$DZ \times T_1$			0.045 (1.030)	0.044 (1.020)			0.245*** (3.265)	0.244*** (3.258)
$DZ \times T_2$			0.096** (2.065)	0.096** (2.059)			0.158** (2.113)	0.157** (2.106)
$DZ \times T_{3-}$			0.029 (0.467)	0.029 (0.469)			0.210* (1.873)	0.211* (1.871)
Kl	0.186*** (5.218)	0.184*** (5.172)	0.186*** (5.219)	0.185*** (5.172)	0.232*** (4.868)	0.231*** (4.841)	0.232*** (4.854)	0.231*** (4.826)
$Size$	0.569*** (12.603)	−0.085* (−1.881)	0.570*** (12.572)	−0.084* (−1.858)	0.550*** (9.706)	−0.104* (−1.832)	0.549*** (9.683)	−0.104* (−1.835)
$Debt$	0.289** (2.458)	0.286** (2.423)	0.280** (2.361)	0.276** (2.327)	0.222 (1.414)	0.219 (1.389)	0.224 (1.429)	0.220 (1.404)

续表

解释变量	绿地投资				跨国并购			
	平均效应		动态效应		平均效应		动态效应	
	TFP_LP	TFP_OP	TFP_LP	TFP_OP	TFP_LP	TFP_OP	TFP_LP	TFP_OP
Profit	0.075 (0.293)	0.075 (0.293)	0.072 (0.283)	0.072 (0.283)	0.180 (1.205)	0.181 (1.209)	0.180 (1.191)	0.181 (1.194)
Slack	−1.793*** (−7.657)	−1.795*** (−7.668)	−1.798*** (−7.678)	−1.800*** (−7.689)	−1.897*** (−8.471)	−1.898*** (−8.470)	−1.900*** (−8.425)	−1.901*** (−8.423)
Age	0.050*** (5.471)	0.050*** (5.457)	0.050*** (5.320)	0.050*** (5.306)	0.054*** (5.028)	0.053*** (5.009)	0.054*** (5.033)	0.054*** (5.013)
Cons	2.094*** (3.521)	6.607*** (11.101)	2.046*** (3.424)	6.559*** (10.970)	0.869 (1.326)	5.371*** (8.184)	0.876 (1.330)	5.378*** (8.153)
个体固定效应	是	是	是	是	是	是	是	是
时间固定效应	是	是	是	是	是	是	是	是
行业固定效应	是	是	是	是	是	是	是	是
地区固定效应	是	是	是	是	是	是	是	是
N	2085	2085	2085	2085	1620	1620	1620	1620
adj. R²	0.667	0.444	0.668	0.445	0.690	0.512	0.690	0.511

注：回归均采用稳健标准误估计，括号内为 t 值；***、**、* 分别表示在 1%、5%、10% 的水平上显著。

显著性检验。这说明跨国并购对科技型企业全要素生产率产生积极作用。从动态效应来看，交互项系数在多期均为正且通过显著性检验。在稳健性检验中，利用OP方法代替LP方法测算全要素生产率，结论高度一致。这说明跨国并购对科技型企业全要素生产率的作用具有持续性。中国高技术产业的快速发展有赖于低成本和市场规模优势，但产品附加值偏低，创新能力不强，总体上仍处于全球价值链的中低端环节。国际金融危机以后，中国科技型企业并购发达国家优质资产成为对外投资领域的重要趋势，其动机在于进一步优化产业链、获取品牌和市场渠道、获取先进技术和产品等。例如，2018年，巨人网络收购Alpha，目标在于强化公司在数据分析及人工智能方面的技术优势。通过并购具有特定优势的国外企业，中国科技型企业能够快速与目标企业特有的知识、技术、品牌、管理经验等战略资产形成优势互补，从而提升企业的生产效率以及在全球价值链中的地位。

二 基于对外直接投资动机的差异化分析

中国科技型企业对外投资的动机可以大致分为三类：商贸服务、当地生产、技术研发。不同的投资动机对科技型企业技术进步的动态影响可能有所不同。本部分进一步分析不同投资动机条件下OFDI生产率效应的差异性。

对商贸服务型OFDI企业与未开展对外直接投资企业进行倾向得分匹配，然后进行DID估计，其估计结果见表7-6检验结果的1—4列。从平均效应来看，商贸服务型OFDI对企业全要素生产率的作用为正，但未通过显著性检验。从动态效应来看，交互项系数均未通过显著性检验。利用OP方法测算的全要素生产率进行稳健性检验，仍得出一致结论。这说明商贸服务型对外直接投资对科技型企业生产率的作用并不显著。中国科技型企业开展商贸服务型OFDI的主要目的在于发挥市场前哨功能，及时了解技术前沿和国外客户需求，通过建

表7-6 基于投资动机差异的回归结果

解释变量	商贸服务型 平均效应 TFP_LP	商贸服务型 平均效应 TFP_OP	商贸服务型 动态效应 TFP_LP	商贸服务型 动态效应 TFP_OP	当地生产型 平均效应 TFP_LP	当地生产型 平均效应 TFP_OP	当地生产型 动态效应 TFP_LP	当地生产型 动态效应 TFP_OP	技术研发型 平均效应 TFP_LP	技术研发型 平均效应 TFP_OP	技术研发型 动态效应 TFP_LP	技术研发型 动态效应 TFP_OP
$DZ \times T$	0.002 (0.047)	0.002 (0.044)			0.113 (1.465)	0.113 (1.459)			0.217*** (3.839)	0.217*** (3.834)		
$DZ \times T_0$			-0.000 (-0.007)	-0.000 (-0.010)			0.088 (0.999)	0.088 (0.998)			0.178*** (3.435)	0.179*** (3.434)
$DZ \times T_1$			-0.009 (-0.194)	-0.009 (-0.198)			0.166** (2.053)	0.164** (2.033)			0.270*** (4.096)	0.270*** (4.091)
$DZ \times T_2$			0.046 (0.935)	0.045 (0.931)			0.178* (1.958)	0.178* (1.956)			0.238*** (3.077)	0.238*** (3.066)
$DZ \times T_{3-}$			-0.031 (-0.454)	-0.030 (-0.447)			0.189* (1.787)	0.188* (1.779)			0.258*** (2.797)	0.258*** (2.787)
Kl	0.182*** (4.749)	0.180*** (4.709)	0.183*** (4.748)	0.181*** (4.708)	0.231*** (4.557)	0.229*** (4.528)	0.232*** (4.595)	0.231*** (4.565)	0.201*** (5.224)	0.200*** (5.179)	0.202*** (5.218)	0.200*** (5.173)
$Size$	0.559*** (11.724)	-0.094** (-1.970)	0.560*** (11.719)	-0.093* (-1.948)	0.524*** (9.493)	-0.129** (-2.340)	0.524*** (9.421)	-0.129** (-2.324)	0.544*** (10.382)	-0.110** (-2.100)	0.545*** (10.344)	-0.108** (-2.056)
$Debt$	0.228* (1.741)	0.224* (1.708)	0.223* (1.695)	0.219* (1.662)	0.218 (1.495)	0.214 (1.466)	0.217 (1.492)	0.213 (1.463)	0.368*** (3.002)	0.365*** (2.971)	0.368*** (2.997)	0.365*** (2.967)
$Profit$	0.085 (0.334)	0.085 (0.334)	0.082 (0.321)	0.082 (0.322)	0.316 (1.527)	0.316 (1.525)	0.314 (1.510)	0.314 (1.508)	0.202 (1.396)	0.203 (1.400)	0.200 (1.384)	0.201 (1.388)

续表

解释变量	商贸服务型					当地生产型					技术研发型				
	平均效应		动态效应			平均效应		动态效应			平均效应		动态效应		
	TFP_LP	TFP_OP	TFP_LP	TFP_OP		TFP_LP	TFP_OP	TFP_LP	TFP_OP		TFP_LP	TFP_OP	TFP_LP	TFP_OP	
Slack	-1.749*** (-7.635)	-1.750*** (-7.646)	-1.755*** (-7.594)	-1.757*** (-7.603)		-1.852*** (-6.683)	-1.854*** (-6.687)	-1.853*** (-6.672)	-1.854*** (-6.676)		-1.784*** (-8.797)	-1.786*** (-8.793)	-1.792*** (-8.815)	-1.795*** (-8.810)	
Age	0.051*** (5.255)	0.051*** (5.239)	0.052*** (5.228)	0.052*** (5.211)		0.051*** (4.854)	0.051*** (4.835)	0.051*** (4.746)	0.050*** (4.728)		0.048*** (5.280)	0.048*** (5.265)	0.048*** (5.131)	0.048*** (5.116)	
Cons	2.254*** (3.494)	6.763*** (10.470)	2.195*** (3.379)	6.704*** (10.308)		1.114 (1.636)	5.620*** (8.245)	1.103 (1.617)	5.610*** (8.216)		1.274** (2.005)	5.783*** (9.089)	1.266** (1.982)	5.776*** (9.023)	
个体固定效应	是	是	是	是		是	是	是	是		是	是	是	是	
时间固定效应	是	是	是	是		是	是	是	是		是	是	是	是	
行业固定效应	是	是	是	是		是	是	是	是		是	是	是	是	
地区固定效应	是	是	是	是		是	是	是	是		是	是	是	是	
N	1803	1803	1803	1803		1531	1531	1531	1531		1626	1626	1626	1626	
adj. R²	0.662	0.450	0.662	0.450		0.643	0.491	0.643	0.491		0.699	0.495	0.699	0.496	

注：回归均采用稳健标准误估计，括号内为 t 值；***、**、* 分别表示在 1%、5%、10% 的水平上显著。

立母公司与海外子公司的信息传导和反馈机制间接促进企业效率提升，因此其作用并不明显。

对当地生产型OFDI企业与未开展对外直接投资企业进行倾向得分匹配，然后进行DID估计，其估计结果见表7-6检验结果的5—8列。从平均效应来看，当地生产型OFDI对企业全要素生产率的作用为正，但未通过显著性检验。利用OP方法测算的全要素生产率进行稳健性检验，仍得出一致结论。从动态效应来看，交互项系数在投资基期为0.088，但未通过显著性检验，但随后逐年呈上升趋势，且通过了显著性检验。这说明当地生产型OFDI对科技型企业生产率的作用存在明显的滞后性和持续性。与商贸服务型OFDI相比，当地生产型OFDI通过雇用当地的人力资源和开展大规模固定资产投资，直接嵌入东道国生产网络体系，充分利用当地的生产要素提升企业自身的技术水平和管理经验，由此产生的学习效应可能更加明显且具有持续性。

对技术研发型OFDI企业与未开展对外直接投资企业进行倾向得分匹配，然后进行DID估计，其估计结果见表7-6检验结果的9—12列。从平均效应来看，技术研发型OFDI对企业全要素生产率的作用为正，且通过显著性检验。这说明技术研发型OFDI对科技型企业全要素生产率产生积极作用。从动态效应来看，交互项系数在多期均为正且通过显著性检验。利用OP方法测算的全要素生产率进行稳健性检验，结论高度一致。这说明技术研发型OFDI对科技型企业生产率的作用具有显著的持续性。技术研发型OFDI是中国科技型企业适应研发国际化趋势、构建全球研发体系的重要方式。最具代表性的是华为。华为海外研发体系主要由研发中心和联合创新实验室构成。华为海外研发中心主要设立在美国、英国、德国、法国、俄罗斯、印度等技术丰裕国家。华为联合创新实验室，其作用在于建立开放式的研发平台，实现运营商的战略需求与华为的理念、创意、技术的有效对接，从而加速企业技术创新进程。技术研发型OFDI通过设立研发机构、设立科技园区等绿地投资方式以及并购技术领先企业等方式来获取知识资产、人力资本和前沿技术,因此,这种方式获取逆向技术溢出最为直接,其持续效应也更加明显。

三 基于东道国(地区)收入水平的差异化分析

科技型企业对外直接投资生产率效应可能会受到投资目的地经济发展水平的影响。根据2012年世界银行对193个国家(地区)人均国民收入的统计和分类标准,本部分将人均收入高于12616美元的归为高收入国家(地区),其余归为中低收入国家(地区)。利用PSM和DID方法,进一步考察不同东道国(地区)收入水平条件下对外投资产出的生产率效应差异性。

对投资到高收入国家(地区)的企业与未开展对外直接投资企业进行倾向得分匹配,在此基础上的DID估计结果见表7-7检验结果的1—4列。从平均效应来看,交互项系数为正,且在5%的水平上通过显著性检验。这说明在高收入国家(地区)开展OFDI对科技型企业全要素生产率产生积极作用。从动态效应来看,投资基期交互项的系数为0.069,且在5%的水平上通过了显著性检验。滞后1期和滞后2期交互项的系数分别为0.084和0.114,且分别在5%和1%的水平上通过显著性检验。滞后3期及以后交互项系数为0.067,但未通过显著性检验。这说明高收入国家(地区)开展对外直接投资对科技型企业全要素生产率的提升作用呈现先上升后下降的趋势。高收入国家(地区)拥有丰富的技术资源、高素质的人力资本以及优质企业。新兴市场国家企业在高收入国家(地区)投资能够更接近领先技术和产品,学习更加高效的管理模式,从而有利于企业提升自身生产效率。

对投资到中低收入国家(地区)的企业与未开展对外直接投资企业进行倾向得分匹配,在此基础上的DID估计结果见表7-7检验结果的5—8列。从平均效应来看,在低收入国家(地区)开展OFDI对企业全要素生产率的作用为正,但未通过显著性检验。从动态效应来看,

表7-7　基于东道国（地区）收入水平差异的估计结果

解释变量	高收入国家（地区）				中低收入国家（地区）			
	平均效应		动态效应		平均效应		动态效应	
	TFP_LP	TFP_OP	TFP_LP	TFP_OP	TFP_LP	TFP_OP	TFP_LP	TFP_OP
$DZ \times T$	0.079** (2.451)	0.079** (2.444)			0.084 (0.787)	0.085 (0.791)		
$DZ \times T_0$			0.069** (2.231)	0.069** (2.228)			0.113 (0.799)	0.114 (0.804)
$DZ \times T_1$			0.084** (2.084)	0.084** (2.071)			0.105 (0.867)	0.105 (0.867)
$DZ \times T_2$			0.114*** (2.653)	0.114*** (2.643)			0.056 (0.587)	0.056 (0.588)
$DZ \times T_{3-}$			0.067 (1.123)	0.067 (1.122)			-0.069 (-0.591)	-0.069 (-0.587)
Kl	0.202*** (5.733)	0.201*** (5.690)	0.203*** (5.739)	0.202*** (5.696)	0.232*** (4.519)	0.231*** (4.487)	0.231*** (4.493)	0.229*** (4.460)
$Size$	0.598*** (13.414)	-0.056 (-1.249)	0.599*** (13.399)	-0.055 (-1.221)	0.528*** (9.675)	-0.125** (-2.291)	0.529*** (9.738)	-0.124** (-2.284)
$Debt$	0.340*** (2.880)	0.337*** (2.845)	0.333*** (2.804)	0.330*** (2.769)	0.205 (1.277)	0.202 (1.253)	0.198 (1.218)	0.194 (1.195)

续表

解释变量	高收入国家（地区） 平均效应 TFP_LP	高收入国家（地区） 平均效应 TFP_OP	高收入国家（地区） 动态效应 TFP_LP	高收入国家（地区） 动态效应 TFP_OP	中低收入国家（地区） 平均效应 TFP_LP	中低收入国家（地区） 平均效应 TFP_OP	中低收入国家（地区） 动态效应 TFP_LP	中低收入国家（地区） 动态效应 TFP_OP
Profit	0.053 (0.220)	0.053 (0.221)	0.051 (0.211)	0.051 (0.212)	0.441** (2.316)	0.441** (2.316)	0.436** (2.281)	0.436** (2.281)
Slack	-1.837*** (-8.259)	-1.839*** (-8.269)	-1.841*** (-8.265)	—	-1.777*** (-6.550)	-1.779*** (-6.554)	-1.789*** (-6.502)	-1.791*** (-6.506)
Age	0.049*** (5.255)	0.049*** (5.234)	0.049*** (5.142)	0.049*** (5.121)	0.052*** (4.988)	0.052*** (4.976)	0.049*** (5.409)	0.053*** (4.996)
Cons	1.234** (2.234)	5.737*** (10.368)	1.223** (2.208)	5.726*** (10.321)	2.491*** (2.999)	7.006*** (8.434)	5.941*** (10.322)	7.062*** (8.526)
个体固定效应	是	是	是	是	是	是	是	是
时间固定效应	是	是	是	是	是	是	是	是
行业固定效应	是	是	是	是	是	是	是	是
地区固定效应	是	是	是	是	是	是	是	是
N	2223	2223	2223	2223	1489	1489	1489	1489
adj. R²	0.698	0.475	0.698	0.475	0.650	0.493	0.651	0.494

注：回归均采用稳健标准误估计，括号内为 t 值；***、**、* 分别表示在1%、5%的水平上显著。

交互项系数均未通过显著性检验。利用 OP 方法测算的全要素生产率进行稳健性检验，仍得出一致结论。这说明在中低收入国家（地区）开展对外直接投资对科技型企业生产率的作用并不显著。可能的原因是科技型企业到低收入国家（地区）开展对外直接投资，其主要目的在于利用已有适用技术扩大生产规模和市场份额，其开展研发创新的动力不足，投资产生的学习效应并不明显。

第四节 本章小结

中国科技型企业借助全球价值链重构的历史机遇，通过对外直接投资整合国际优质资源，实现技术进步和国际竞争力的提升。本章采用倾向得分匹配和双重差分方法系统评估了对外直接投资对企业全要素生产率的动态效应，并从投资特征视角考察了 OFDI 生产率效应的差异。实证结果表明：（1）对外直接投资显著促进了科技型企业全要素生产率的提升，且促进作用呈现先上升后下降的趋势；（2）绿地投资对 TFP 的促进作用具有明显滞后性，而跨国并购对当期和多期 TFP 均产生积极作用；（3）技术寻求型 OFDI 对 TFP 的促进作用最为显著，当地生产型 OFDI 的生产率效应具有滞后性，而商贸服务型 OFDI 的生产率效应并不显著；（4）在高收入国家（地区）投资能够显著提升企业全要素生产率，在中低收入国家（地区）投资对企业 TFP 的作用并不显著。

上述研究为科技型企业理性选择对外投资策略提供了科学依据。首先，科技型企业需要结合自身战略导向选择最优的市场进入策略。新一轮技术革命正重塑世界科技竞争格局，中国科技型企业通过对外直接投资实现全球资源的优势互补。特别是国际金融危机以后，越来越多的科技型企业到美国、德国、英国等发达国家开展投资，以获得技术、知识等创造性资产，但获取逆向技术溢出，需要企业自身具备较强的知识积累、创新能力和管理能力，才能有效整合知识资产。其次，政府应进一步完善境外投资制度和平台建设，为科技型企业深度参与国际产业分工体系提供重要支撑。目前，我国科技型企业"走出去"的一个显著特征是向全球价值链上游迈进，通过跨国并购获得先进技术、品牌和海外市场管理经验。应通过完善政策扶持、设立并购基金、重点培育引导、优化中介服务等途径，鼓励企业在美国和欧盟等发达国家和地区设立研究中心或实验室、国际技术转移机构和科技园区等，以促进优势企业构建全球研发网络，提升全球价值链地位。最后，健全多层次的双边与多边合作机制。科技型企业投资目标多是获取先进技术和营销网络等高附加值资源，以实现向价值链高端攀升，因此更容易面临技术标准壁垒、知识产权诉讼、国家安全审查等各种风险。可以设立双边或多边的产业投资合作基金，为国家间重点产业发展与投资提供资金支持。针对一些国家对我国技术标准认同感不强等突出问题，应强化知识产权保护，协调与沿线国家的技术标准，促进签订技术标准互认协议，降低企业因技术标准而被当地市场拒绝的风险。

第八章 境外投资便利化与中国科技型企业全要素生产率提升

本章从境外投资便利化政策出台这一准自然实验切入，利用商务部《境外投资企业（机构）名录》、Wind 上市公司并购重组数据库和国泰安上市公司数据库，采用倾向得分匹配和双重差分法，考察境外投资制度改革对科技型企业全要素生产率的因果效应与作用机理。研究有助于深入理解境外投资便利化政策的实施效果，拓展了宏观经济政策与微观企业行为的研究框架，对进一步深化境外投资管理体制机制改革和提升科技型企业国际竞争力提供重要参考依据。

第一节 研究背景

伴随新一轮的科技革命和产业革命，以新一代信息技术、生物技术、新能源技术、新材料技术、智能制造技术等为代表的高新技术及其产业逐步兴起，推动世界经济发生根本性变革。无论是发达国家还是发展中国家，都高度重视高技术产业发展，以抢占新一轮国际竞争的主动权。中国由高速增长阶段转向高质量发展阶段，科技型企业更是中国经济实现质量变革、效率变革和动力变革的重要力量。2018年，中国规模以上工业高技术产业增加值比上年增长 11.7%，高于规模以上工业 5.5 个百分点；规模以上科技服务业企业营业收入同比增长 15.0%，高于规模以上服务业企业营业收入增速 3.5 个百分点。中国高技术产业规模的快速成长有赖于低成本和市场规模优势，但产品附加值偏低，创新能力不强，总体上仍处于全球价值链的中低端环节。尽管中国高技术产业利润率由 2013 年的 6.2% 提高到 2017 年的 7.1%，研发投入强度从 2013 年的 1.8% 提高到 2017 年的 2%，高于规模以上工业企业平均值，但与发达国家相比仍有较大差距。欧盟委员会发布的《2018 年欧盟工业研发投资排名》（The 2018 EU Industrial R&D Investment Scoreboard）显示，2012—2017 年中国与欧盟企业研发投入强度差距有缩小趋势，但与美国企业相比差距明显（见图 8-1）。中国高技术产业向全球价值链高端环节攀升，需要提高创新能力和全要素生产率，提升企业在国际分工体系中的地位。

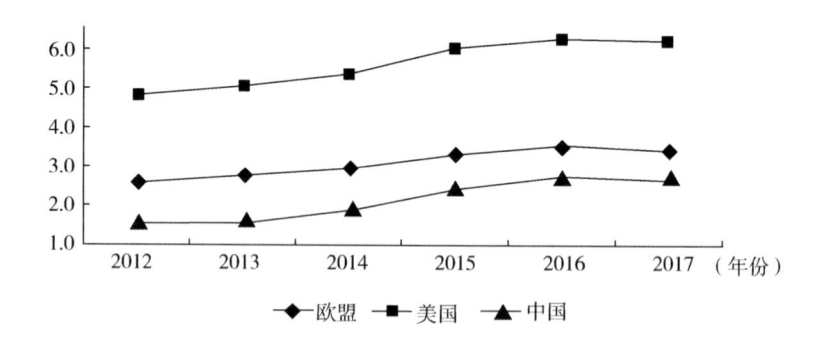

图 8-1　中国、欧盟与美国企业研发投入强度差异

资料来源：European Commission，The 2018 EU Industrial R&D Investment Scoreboard.

由于知识更迭速度加快，科技型企业依靠自身资源开展高成本的创新活动，已经难以适应日益激烈的国际竞争。通过开展对外直接投资，企业可以整合国际优质资源，提升创新能力（毛其淋和许家云，2014；赵宸宇和李雪松，2017；冼国明和明秀南，2018）和生产效率（蒋冠宏等，2014；刘晓丹和衣长军，2017）。2018 年，中国企业在 TMT 领域跨国并购金额 154.1 亿美元，连续 5 年成为中国企业海外并购宗数最多的行业。同时，中国科技型企业通过设立研发机构、建立合资企业、设立科技园区等绿地投资方式主动融入全球价值链。

蔡昉（2019）认为以提高全要素生产率推动高质量发展，关键在于处理好政府和市场关系，完善有利于资源优化配置的体制机制和政策措施。加快转变政府职能的重要环节是深化审批制度改革。2009年，商务部颁布的《境外投资管理办法》进一步改革境外投资管理体制，推进境外投资便利化，主要体现在以下几个方面：一是下放核准权限，商务部对重大境外投资进行核准，其他核准事项由省级人民政府主管部门负责；二是简化核准程序，审核周期有所缩减；三是进一步明确审核重点，主管部门重点针对是否影响双边政治和经贸关系、是否损害国家经济安全、是否违反国际义务等方面进行审核，而境外投资的经济技术可行性等方面由企业自行负责；四是明确境外投资的行为规范；五是强化商务部门的引导服务。那么，境外投资便利化是否促进了微观主体生产效率的提升？一方面，境外投资便利化水平的提高缩短了企业境外投资审批时间，降低了企业交易的不确定性风险，为企业更快地融入全球产业分工体系提供了良好的制度环境。另一方面，便利化的境外投资管理也带来了盲目、无序的跨境资本流动。部分企业开展境外投资因缺乏系统规划和科学论证，盲目决策，导致后续经营困难。还有一些企业将境外投资重点放在房地产等非主营业务领域，影响企业自身的长远发展，同时也未能带动国内产业转型升级。因此，关于境外投资便利化是否有效提升了企业生产效率及影响机制问题，有必要进一步开展量化评估和深化研究。

鉴于此，本章尝试在以下几个方面做出贡献：一是利用商务部《境外投资企业（机构）名录》、Wind 上市公司并购重组数据库和国泰安上市公司数据库，构建科技型企业境外投资数据库，并利用 LP 方法（Levinsohn & Petrin，2003）和 OP 方法（Olley & Pakes，1996）测算企业全要素生产率，以避免估计方法对企业生产效率的估计产生偏误；二是首次以《境外投资管理办法》颁布为准自然试验，采用倾向得分匹配方法和双重差分法检验境外投资便利化对科技型企业生产效率的影响，以尽可能克服评估过程的内生性问题；三是不仅分析了制度便利化对科技型企业生产效率的总体效应，而且进一步从企业所有制性质、所在地区差异等视角探讨政策冲击效应的异质性；四是构建调节效应模型，从研发投入和研发产出视角探讨境外投资便利化对科技型企业生产效率的作用机制，以深化对政策冲击如何影响微观主体行为的认识，从而对境外投资管理体制机制改革提供借鉴。

第二节 文献综述

本章的研究主要与两个方面的文献相关：一是对外直接投资对企业生产效率的影响；二是母国制度环境对企业对外直接投资绩效的影响。

一 对外直接投资对企业生产效率的影响

Kogut（1991）认为跨国公司对外直接投资的重要原因是获取逆向技术溢出以提高企业全要素生产率。部分文献利用国家或产业层面数据研究了对外直接投资的逆向溢出效应。Lichtenberg 和 Potterie（2001）以1971—1990 年美国、日本和德国等 13 个国家为样本，证实了对外直接投资作为国际技术溢出的重要渠道，对东道国的技术进步产生推动作用。Driffield 和 Love（2003）采用 1984—1992 年英国制造业部门的面板数据，运用 GMM 法对不同类型的外商直接投资对英国全要素生产率的影响进行了实证分析。结论显示，技术获取型对外直接投资会对英国全要素生产率产生不利影响，从而间接证实了从英国国内行业向国外跨国企业的技术溢出是存在的。Driffield 和 Chiang（2009）利用 1978—1994 年英国产业层面数据证实了对外直接投资能够促进英国企业技术水平和生产效率的提高。Pradhan 和 Singh（2009）对 1988—2008 年印度汽车产业的研究发现无论是对发达国家还是发展中国家的投资，OFDI 均促进了国内生产率提高。而 Bitzer 和 Gorg（2009）的研究结论则相反，其利用 17 个 OECD 国家的产业数据进行实证研究，发现对外直接投资对生产率起到负向作用，而且不同国家之间存在明显的差异。国内部分学者利用国家层面、产业层面和省域层面的数据验证了对外直接投资的逆向技术溢出效应（赵伟等，2006；王英和刘思峰，2008）。同时，中国 OFDI 逆向技术溢出效应受到吸收能力（白洁，2010；李梅，2012）、环境规制（韩先锋等，2018）和知识产权保护（李勃昕等，2019）等因素的影响。

另外，部分学者从微观视角解释了 OFDI 对企业生产率的影响。Braconier 和 Ekholm（2001）利用瑞典企业层面的数据证实了对外直接投资对跨国公司生产效率没有产生显著影响，研发支出和资本—劳动比率是影响跨国公司劳动生产率的重要因素。其原因可能在于瑞典作为世界上 R&D 支出经费高的国家，属于世界技术的领先者，因此，从外部获得的技术溢出相对较少。Yang 等（2013）通过分析 1987—2000 年中国台湾制造业企业数据，发现对外直接投资可以促进企业技术效率提升。蒋冠宏等（2014）采用 2004—2006 年中国工业企业数据库，通过倍差法验证了企业对外直接投资显著提高了企业生产率，但提升作用随着时间推移而下降。叶娇和赵云鹏（2016）采用 2005—2007 年中国工业企业数据库和倾向得分匹配方法得出同样的结论。肖慧敏和刘辉煌（2014）认为投资发达国家的企业比仅投资发展中国家的企业获得了更多的效率改进。刘晓丹和衣长军（2017）研究发现对外直接投资对于企业绩效的提升具有一定的滞后性。

二 制度环境对企业对外直接投资绩效的影响

现有文献关于制度环境与对外直接投资绩效的关系研究主要集中在东道国制度环境和制度距离等方面。东道国良好的投资环境，例如政府效率较高、腐败程度较低、法制健全等，能够降低企业交易成本和投资风险，提高企业投资绩效（Shapiro，2003；Globerman et al.，2006）。Sakakibara 和 Yamawaki（2008）利用日本企业数据证实了东道国制度因素对企业对外直接投资绩效的影响。同时，制度距离可能因增加了企业的投资风险和投资成本，对跨国公司绩效产生负面影响（Mudambi & Navarra，2002）。Grosse 和 Goldberg（1996）认为非正式制度距离不利于跨国公司创新水平的提高。阎大颖（2011）认为东道国与母国之间的制度距离对中国企业海外并购成功与否产生显著的负向作用；国际经验对制度距离的影响存在显著的负向调节作用。陈怀超和范建红（2014）以178家中国跨国公司为研究对象，验证了制度距离远的情境下，开展跨国并购的企业比绿地投资企业的国际化绩效更高。衣长军等（2018）利用中国上市公司数据和零膨胀负二项回归模型进行研究，发现正式制度距离能够显著提升OFDI企业创新水平，而非正式制度距离抑制了企业创新绩效的提高。

国内外鲜有涉及关于母国制度环境对于企业对外直接投资绩效影响的研究，且主要集中在宏观层面。裴长洪和郑文（2011）认为，母国在产业组织、政策激励等方面的积极干预能够增强跨国公司的国际竞争优势，制度保障对企业开展对外投资起到助推作用。李梅等（2014）利用2003—2011年中国OFDI的省际面板数据，考察了母国制度环境对OFDI逆向技术溢出效应的影响，结论显示：教育扶持、科技扶持、金融支持、政策开放度和知识产权保护等因素对中国对外直接投资的逆向技术溢出有显著的正向影响。

综上所述，现有研究尚缺乏境外投资便利化这一重要制度变革的直接考察和量化评估。本章试图从境外投资便利化政策这一自然实验出发，识别这一政策措施是否影响企业全要素生产率，以及宏观政策影响微观主体的异质性差异和作用机制。在研究方法上，本章采用倾向得分匹配和双重差分法，有效地控制了回归过程中样本选择偏差和遗漏解释变量的问题，从而能够更加准确地识别境外投资便利化与科技型企业效率提升之间的因果关系以及背后的传导机制,保证了研究结论的可靠性。

第三节 模型设定与数据来源

一 模型设定

以往政策实施效果的评估通常采用政策实施前后的差异来判断,但这种方法可能存在选择性偏差等内生性问题。基于准自然实验的双重差分模型能够较好地解决政策之外其他因素对估计结果的干扰,因而近年来在政策量化评估中得到广泛应用。商务部于 2009 年出台了《境外投资管理办法》,本章将这一政策看作一次准自然实验,利用双重差分法(Difference-in-Difference,DID)评估制度便利化对科技型企业效率提升的影响,以更准确评估政策效果。对于政策冲击时间的确定,本章选取 2010 年作为政策冲击时间。其原因在于,《境外投资管理办法》从 2009 年 5 月 1 日开始执行,而且企业从境外投资决策到开展申报、核准审批需要经历一段时间。对于实验组和对照组的选择,对外直接投资是政策实施的关键传导环节,因此,本章将开展对外直接投资的企业作为实验组,没有开展对外直接投资的企业作为对照组。研究中采用面板数据双向固定效应模型来控制企业个体差异和时间差异,基本模型如下:

$$TFP_{it} = a_0 + a_i + a_t + a_1 DZ_{it} \times T_{it} + a_2 Control_{it} + \varepsilon_{it} \quad (8-1)$$

其中,TFP_{it} 为企业全要素生产率。a_i 为个体固定效应,a_t 为时间固定效应。DZ_{it} 和 T_{it} 分别为组间虚拟变量和时间虚拟变量。如果企业属于实验组,DZ_{it} 取值为 1;如果企业属于对照组,DZ_{it} 取值为 0。虚拟变量 $T_{it}=1$ 表示年份位于 2010 年以后,即境外投资便利化政策实施以后,之前的年份取值为 0。$Control_{it}$ 为企业控制变量组,参考已有研究,本章选取资本密集度(Kl)、企业规模($Size$)、利润率($Profit$)、资产负债率（Debt）、组织冗余（Slack）、企业年龄（Age）作为控制变量。ε_{it} 为随机扰动项。本章还加入了地区层面和行业层面的虚拟变量，以控制企业在地区和行业等层面的不可观测因素对企业全要素生产率的影响。

双重差分法虽然能够克服内生性问题并估计政策处理效应，但在解决样本偏差问题上存在缺陷。由于企业具有较大异质性，为保证实验组和对照组具有可比性，本章采用倾向得分匹配（Propensity Score Matching，PSM）来消除样本选择性偏差。其基本思路和步骤是：一是构建一个被解释变量为二元虚拟变量的 Logit 回归模型，估计倾向得分。其中，实验组取值为 1，对照组取值为 0，解释变量是能够影响两组相似度的若干指标。本章参考已有研究，选取资本密集度（Kl）、企业规模（Size）、利润率（Profit）、资产负债率（Debt）、组织冗余（Slack）、企业年龄（Age）、企业所有制性质（State）、无形资产（Assets）作为匹配变量。二是根据倾向得分值，采用核匹配法从对照组中寻找与实验组企业倾向得分最接近的企业。

基于上述分析，本章采取倾向得分匹配基础上的双重差分（PSM-DID）方法来估计境外投资便利化对提升科技型企业生产效率的因果关系和作用机制。具体方法是：①通过 PSM 匹配与实验组特征最为接近的对照组；②利用匹配后的实验组和对照组进行 DID 回归。具体模型如下：

$$TFP_{it}^{psm} = a_0 + a_i + a_t + a_1 DZ_{it} \times T_{it} + a_2 Control_{it} + \varepsilon_{it} \quad (8-2)$$

本章重点关注交互项的系数 a_1，它代表了剔除其他干扰因素后，境外投资便利化对企业全要素生产率影响的净政策效应。如果 a_1 为正，且在一定统计水平上显著，则表明境外投资便利化促进了企业全要素生产率的提升；如果 a_1 为负，且在一定统计水平上显著，则表明境外投资便利化不利于企业全要素生产率的提升；如果 a_1 在统计上不显著，则表明境外投资便利化对企业全要素生产率的作用不明显。

二 数据来源和变量说明

（一）研究样本和数据来源

本章将商务部《境外投资企业（机构）名录》、Wind 企业并购数据库和国泰安上市公司数据库整理合并，构建科技型上市公司对外直接投资数据库。详细步骤和匹配过程见第三章。

（二）企业全要素生产率的测算

本章使用 LP 法对企业全要素生产率进行估计，同时为防止估计方法对企业生产效率的估计存在偏误，使用 OP 法进行稳健性检验。详细测算过程见第三章。

（三）控制变量和匹配变量

控制变量和匹配变量如下所示。资本密集度（Kl）用资本总额与员工数比值的自然对数来表示。企业规模（$Size$）用企业员工总数的自然对数来表示。利润率（$Profit$）用净利润与销售收入的比值来表示。资产负债率（$Debt$）用负债总额与资产总额的比值来表示。组织冗余（$Slack$）用销售费用、财务费用与管理费用之和与销售收入的比值来表示。企业年龄（Age）用监测年份与企业成立年份之差来表示。企业所有制性质（$State$）为二值虚拟变量，国有企业取值为 1，否则取值为 0。无形资产（$Assets$）用企业无形资产总额的自然对数来表示。

第四节 境外投资便利化对企业全要素生产率的影响

一 样本匹配情况

首先采用倾向得分匹配（PSM）方法为实验组寻找对照组。通过 Logit 模型估计得到企业开展对外直接投资的倾向得分，并依此运用核匹配法为实验组企业样本匹配到合适的对照组企业。根据匹配前后标准化偏差和 t 统计量的变化来判断匹配过程的有效性。匹配平衡性条件检验结果见表 8-1，匹配后各变量的标准化偏差小于 5%，而且从 t 检验的结果来看，实验组与对照组在匹配后均无显著差异，说明匹配满足了平衡性假设，匹配得到的对照组企业能够控制样本的自选择效应。根据倾向得分匹配法，最终获得 2367 个观测值，其中对照组有 1372 个观测值，实验组有 995 个观测值。

表 8-1　　　　　PSM 匹配样本的平衡性条件检验

变量	类型	均值 实验组	均值 对照组	标准化偏差（%）	t 统计量	P 值
Kl	匹配前	12.1270	12.2120	-9.6	-2.32	0.020
	匹配后	12.1460	12.1390	0.8	0.17	0.862
$Size$	匹配前	7.5917	7.2932	27.9	6.84	0.000
	匹配后	7.5459	7.5487	-0.3	-0.06	0.952
$Debt$	匹配前	0.3574	0.3614	-2.0	-0.49	0.628
	匹配后	0.3535	0.3524	0.6	0.13	0.898
$Profit$	匹配前	0.0984	0.0750	12.7	2.97	0.003
	匹配后	0.0990	0.1020	-1.7	-0.46	0.647
$Slack$	匹配前	0.3205	0.3151	2.5	0.60	0.548
	匹配后	0.3196	0.3163	1.5	0.37	0.714
Age	匹配前	12.3390	13.7050	-24.8	-6.01	0.000
	匹配后	12.3230	12.4160	-1.7	-0.40	0.690
$Assets$	匹配前	18.3280	18.0140	22.7	5.53	0.000
	匹配后	18.2930	18.3060	-1.0	-0.22	0.827
$State$	匹配前	0.2549	0.3429	-19.3	-4.63	0.000
	匹配后	0.2572	0.2705	-2.9	-0.67	0.504

二　基准回归结果与分析

根据式（8-2）采用固定效应估计面板双重差分模型，实证检验境外投资便利化政策的实施对科技型企业全要素生产率的影响,估计结果见表8-2。模型1、模型2仅检验了解释变量的影响,模型3、模型4在此基础上加入控制变量,所有模型均控制了地区固定效应、行业固定效应和年份固定效应,并采用稳健标准误估计。从模型1—模型4中可以发现,交互项DID的估计系数符号和显著性水平基本没有发生变化。模型3的估计结果显示:在控制其他影响因素后,交互项DID的系数显著为正,且在5%的水平上通过了显著性检验。这说明,境外投资便利化政策的实施显著提高了科技型企业全要素生产率。模型4利用OP方法对估算的全要素生产率进行稳健性检验,交互项的系数符号和显著性水平与模型3的估计结果高度一致。

表8-2　　境外投资便利化与企业效率提升:DID估计结果

解释变量	模型1 TFP_LP	模型2 TFP_OP	模型3 TFP_LP	模型4 TFP_OP
DID	0.235*** (3.071)	0.025 (0.398)	0.095** (2.084)	0.095** (2.089)
Kl			0.231*** (6.060)	0.230*** (6.021)
Size			0.571*** (13.249)	-0.083* (-1.923)
Debt			0.337*** (2.859)	0.334*** (2.824)
Profit			0.328** (2.194)	0.329** (2.197)
Slack			-1.856*** (-9.315)	-1.858*** (-9.322)
Age			0.050*** (5.523)	0.050*** (5.502)
Cons	8.637*** (83.270)	7.974*** (96.318)	1.429** (2.550)	5.934*** (10.575)
年份效应	是	是	是	是
行业效应	是	是	是	是

续表

解释变量	模型 1 TFP_LP	模型 2 TFP_OP	模型 3 TFP_LP	模型 4 TFP_OP
地区效应	是	是	是	是
N	2367	2367	2367	2367
adj. R²	0.350	0.116	0.707	0.514

注：回归均采用稳健标准误估计；括号内为 t 值；***、**、*分别表示在1%、5%、10%水平上显著。

三 稳健性检验

为保证实证结果的稳健性，本章采用倾向得分匹配以解决样本偏差问题，同时对被解释变量全要素生产率采用 LP 和 OP 两种方法进行估算。除此以外，本章进一步进行了以下检验。

（一）平行趋势检验

双重差分要求在政策冲击之前，实验组和对照组企业的 TFP 保持基本平行的时间趋势，即两组样本具有可比性。本章引入政策出台之前各年度虚拟变量与分组变量的交互项进行平行趋势检验，计量模型如下所示：

$$TFP_{it}^{psm} = a_0 + a_i + a_t + a_{11} DZ_{it} \times T2008_{it} + a_{12} DZ_{it} \times T2009_{it} + a_{13} DZ_{it} \times T2010\_{it} + a_2 Control_{it} + \varepsilon_{it} \quad (8-3)$$

其中，$T2008$ 和 $T2009$ 是相应年份的虚拟变量，$T2010\_$ 是 2010 年及以后年份的虚拟变量。根据式（8-3）进行平行趋势检验，结果如表 8-3 所示。结果显示，政策冲击发生前两年，交互项系数不显著且较小，符合双重差分法的平行趋势假设。对利用 OP 法计算的企业全要素生产率进行回归，得出一致结论。

表 8-3　　　　　　　　　　平行趋势检验

解释变量	模型 5 TFP_LP	模型 6 TFP_OP
$DZ \times T2008$	0.275 (1.556)	0.273 (1.565)
$DZ \times T2009$	0.245 (1.385)	0.242 (1.389)
$DZ \times T2010\_$	0.341* (1.906)	0.339* (1.921)
Kl	0.232*** (6.079)	0.231*** (6.041)
$Size$	0.569*** (13.145)	-0.084* (-1.951)
$Debt$	0.339*** (2.869)	0.336*** (2.834)
$Profit$	0.331** (2.208)	0.332** (2.211)
$Slack$	-1.860*** (-9.309)	-1.862*** (-9.316)
Age	0.051*** (5.482)	0.051*** (5.463)
$Cons$	1.145* (1.957)	5.653*** (9.662)
年份效应	是	是
行业效应	是	是
地区效应	是	是
N	2367	2367
adj. R^2	0.708	0.515

注：回归均采用稳健标准误估计；括号内为t值；***、**、*分别表示在1%、5%、10%水平上显著。

（二）替换代理变量

1. 采用劳动生产率（用企业营业收入与员工数之比的自然对数来

表示）作为全要素生产率的替换变量进行回归检验。全要素生产率是刻画企业生产效率的综合指标，为了使本章的估计结果更加稳健，使用劳动生产率作为替代变量进行稳健性检验。表8-4的估计结果显示，将劳动生产率作为被解释变量的回归中，交互项 DID 的系数为正，且通过了显著性检验。这说明，境外投资便利化显著提高了企业的劳动生产率。

2. 采用资产收益率（ROA）替代利润率进行回归检验。资产收益率是体现企业盈利能力的核心指标之一。从估计结果来看，将资产收益率作为控制变量的回归中，交互项 DID 的系数在5%的水平上显著为正，进一步证实了结论是稳健的。

表8-4　　　　　　　　替换度量指标进行稳健性检验

解释变量	模型7	模型8	模型9
	劳动生产率	TFP_LP	TFP_OP
DID	0.087* (1.763)	0.105** (2.381)	0.105** (2.388)
Kl	0.285*** (7.540)	0.233*** (6.004)	0.232*** (5.967)
$Size$	-0.318*** (-7.347)	0.564*** (13.222)	-0.089** (-2.085)
$Debt$	0.502*** (4.340)	0.372*** (3.297)	0.368*** (3.262)
$Profit$	0.307* (1.962)		
ROA		1.591*** (4.418)	1.595*** (4.428)
$Slack$	-1.779*** (-8.834)	-1.753*** (-9.914)	-1.754*** (-9.926)
Age	0.052*** (5.489)	0.054*** (5.782)	0.054*** (5.762)
$Cons$	12.606*** (22.644)	1.211** (2.094)	5.715*** (9.871)
年份效应	是	是	是
行业效应	是	是	是
地区效应	是	是	是

续表

解释变量	模型 7	模型 8	模型 9
	劳动生产率	TFP_LP	TFP_OP
N	2367	2367	2367
adj. R²	0.590	0.719	0.534

注：回归均采用稳健标准误估计；括号内为 t 值；***、**、* 分别表示在 1%、5%、10% 水平上显著。

第五节 境外投资便利化对企业全要素生产率的影响：异质性检验

上述实证结果证实，境外投资便利化这一政策实施能够提升企业全要素生产率。需要指出的是，境外投资便利化措施通过影响企业对外直接投资决策进而影响企业全要素生产率。不同类型企业受政策影响程度可能存在差异，而政策实施效果也可能受到企业所在地区市场化程度的影响。因此，有必要通过企业所有制差异和所在地区差异等不同维度考察境外投资便利化措施对企业全要素生产率作用的异质性。

一 基于企业所有制差异的检验

基于企业所有制差异的分组检验结果如表 8-5 所示。对国有企业的回归结果显示，交互项 DID 系数未通过显著性检验，这说明境外投资便利化政策实施未对国有企业全要素生产率的提高产生显著影响。对民营企业的回归结果显示，交互项 DID 系数为正，且在 1% 的水平上通过了显著性检验，这说明境外投资便利化政策实施对民营企业全要素生产率的提高产生积极影响。对利用 OP 方法估计的全要素生产率进行稳健性检验，得出较为一致的结论。这说明，政策冲击因企业所有制差异而产生异质性。其可能的原因在于：一是国有企业对外直接投资更直接地反映了国家的发展战略,在开展对外直接投资时往往已享有较多的政策倾斜和融资便利。因此,与民营企业相比,境外投资便利化政策冲击效果不够显著。二是国有企业投资受行政管理等多方面约束,其投资决策往往具有滞后性。而民营企业投资决策更加灵活,境外投资政策实施能够较快地传导并影响企业国际化经营决策,进而对企业全要素生产率产生作用。

表 8-5　　　　　　　　　　分企业所有制检验结果

解释变量	模型 10 国有 TFP_LP	模型 11 国有 TFP_OP	模型 12 民营 TFP_LP	模型 13 民营 TFP_OP
DID	-0.035 (-0.592)	-0.035 (-0.588)	0.212*** (3.727)	0.212*** (3.734)
Kl	0.207*** (2.941)	0.205*** (2.914)	0.254*** (5.689)	0.253*** (5.676)
$Size$	0.581*** (7.848)	-0.073 (-0.991)	0.551*** (9.631)	-0.102* (-1.781)
$Debt$	0.334 (1.573)	0.332 (1.560)	0.334** (2.476)	0.330** (2.440)
$Profit$	0.699*** (2.760)	0.700*** (2.772)	-0.013 (-0.095)	-0.013 (-0.094)
$Slack$	-1.633*** (-4.243)	-1.632*** (-4.248)	-2.044*** (-10.410)	-2.047*** (-10.407)
Age	0.064*** (5.242)	0.064*** (5.243)	0.030** (2.563)	0.030** (2.527)
$Cons$	0.727 (0.602)	5.244*** (4.349)	1.297** (2.206)	5.794*** (9.837)
年份效应	是	是	是	是
行业效应	是	是	是	是
地区效应	是	是	是	是
N	723	723	1644	1644
adj. R^2	0.690	0.525	0.719	0.529

注:回归均采用稳健标准误估计;括号内为 t 值;***、**、* 分别表示在1%、5%、10%水平上显著。

二 基于地区差异的检验

基于企业所在地区差异的分组检验结果如表 8-6 所示。对东部地区科技型企业的回归结果显示，交互项 DID 系数为正，且在 1% 的水平上通过显著性检验，这说明境外投资便利化政策实施对东部地区企业全要素生产率的提高产生显著影响。对中西部地区科技型企业的回归结果显示，交互项 DID 系数未通过显著性检验，这说明境外投资便利化政策实施对中西部地区企业全要素生产率未产生显著影响。对利用 OP 方法估计的全要素生产率进行稳健性检验，得出较为一致的结论。这说明，政策冲击因企业所在地区差异而产生异质性。一方面，东部地区开放程度高，企业国际化经营意识较强，境外投资便利化政策实施对企业对外投资决策的冲击效果明显。另一方面，东部地区市场化程度较高，其产品市场、要素市场、市场中介组织的发育比较完善，有利于企业充分利用市场进行资源优化配置，为企业境外投资提供良好的外部环境。当境外投资便利化政策促进企业开展对外投资时，良好的外部环境为企业提升对外投资绩效提供重要支撑。

表 8-6 分企业所在地区检验结果

解释变量	模型 14 东部地区 TFP_LP	模型 15 东部地区 TFP_OP	模型 16 中西部地区 TFP_LP	模型 17 中西部地区 TFP_OP
DID	0.139 *** (3.005)	0.139 *** (3.011)	-0.012 (-0.120)	-0.012 (-0.123)
Kl	0.198 *** (5.611)	0.197 *** (5.568)	0.280 *** (3.244)	0.278 *** (3.224)
Size	0.615 *** (13.443)	-0.038 (-0.838)	0.499 *** (6.618)	-0.155 ** (-2.050)

续表

解释变量	模型 14 东部地区 TFP_LP	模型 15 东部地区 TFP_OP	模型 16 中西部地区 TFP_LP	模型 17 中西部地区 TFP_OP
$Debt$	0.354*** (3.135)	0.352*** (3.102)	0.237 (0.976)	0.231 (0.953)
$Profit$	0.202* (1.771)	0.203* (1.776)	0.453 (1.373)	0.452 (1.369)
$Slack$	-2.078*** (-11.279)	-2.079*** (-11.266)	-1.491*** (-3.733)	-1.494*** (-3.740)
Age	0.043*** (4.544)	0.042*** (4.528)	0.062*** (3.360)	0.062*** (3.350)
$Cons$	1.416** (2.393)	5.923*** (9.994)	0.381 (0.331)	4.894*** (4.244)
年份效应	是	是	是	是
行业效应	是	是	是	是
地区效应	否	否	否	否
N	1695	1695	672	672
adj. R^2	0.766	0.569	0.585	0.464

注：回归均采用稳健标准误估计；括号内为 t 值；***、**、*分别表示在1%、5%、10%水平上显著。

第六节　境外投资便利化对企业全要素生产率的作用机制：技术创新视角

上文研究结果表明，境外投资便利化政策措施显著提高了中国科技型企业全要素生产率。那么，境外投资便利化政策如何提升企业的全要素生产率？科技型企业全要素生产率的提升离不开企业创新能力的增强。已有研究也证实了企业开展对外直接投资能够促进企业技术创新（毛其淋和许家云，2014）。那么，技术创新是否是境外投资便利化助推中国科技型企业生产效率提升的作用路径呢？本节将予以实证检验。企业创新能力的提升可以从"内"和"外"两种渠道实现：一是通过增加研发投入来提升自身技术创新能力；二是通过开放式创新获取外部知识资产。对外直接投资是企业实现开放式创新的重要途径。随着研发国际化趋势的增强，无论是发达国家还是发展中国家的跨国公司，往往在技术密集区域设立研发机构或是直接开展技术并购获取先进技术。开放创新体系将吸纳更多的创新要素，仅仅靠 R&D 投入来衡量企业的技术创新水平已经远远不够（陈劲和陈钰芬，2006）。因此，有必要从创新投入和创新产出两个维度较为全面地分析境外投资便利化政策措施影响中国科技型企业全要素生产率的作用机制。

在模型设计上，本章参照钱雪松等（2018）、王桂军和卢潇潇（2019）的做法，在基准模型中设置调节变量以考察影响机制是否显著，具体模型如下：

$$TFP_{it}^{psm} = a_0 + a_i + a_t + a_1 DZ_{it} \times T_{it} \times RD_{it} + \\ a_2 a_1 DZ_{it} \times T_{it} + a_3 Control_{it} + \varepsilon_{it} \quad (8-4)$$

$$TFP_{it}^{psm} = a_0 + a_i + a_t + a_1 DZ_{it} \times T_{it} \times Patent_{it} + \\ a_2 a_1 DZ_{it} \times T_{it} + a_3 Control_{it} + \varepsilon_{it} \quad (8-5)$$

其中，RD 代表企业的研发投入强度，用企业研发投入/固定资产总额来表示。$Patent$ 代表创新产出，按照通常做法用专利申请量加 1 取对数来表示。其他变量定义与式（8-1）一致。实证结果如表 8-7 所示。

表 8-7　　　　　　　　　作用机制检验结果

	R&D 投入		专利申请量	
	模型 18	模型 19	模型 20	模型 21
	TFP_LP	TFP_OP	TFP_LP	TFP_OP
DID × RD	-0.010 (-1.430)	-0.010 (-1.424)		

续表

	R&D 投入		专利申请量	
	模型18	模型19	模型20	模型21
	TFP_LP	TFP_OP	TFP_LP	TFP_OP
DID × Patent			0.039* (1.662)	0.039* (1.663)
DID	0.147** (2.359)	0.148** (2.357)	-0.052 (-0.666)	-0.052 (-0.664)
RD	0.009 (1.199)	0.009 (1.196)		
Patent			0.015 (0.869)	0.015 (0.870)
Kl	0.251*** (6.713)	0.250*** (6.680)	0.283*** (7.133)	0.282*** (7.108)
Size	0.563*** (12.454)	-0.090** (-1.987)	0.556*** (11.401)	-0.096** (-1.977)
Debt	0.337*** (2.854)	0.333*** (2.817)	0.400*** (2.888)	0.395*** (2.855)
Profit	0.278* (1.673)	0.278* (1.677)	0.158 (1.194)	0.158 (1.192)
Slack	-1.952*** (-8.066)	-1.953*** (-8.076)	-1.976*** (-10.392)	-1.979*** (-10.391)
Age	0.050*** (5.463)	0.050*** (5.440)	0.048*** (5.340)	0.047*** (5.307)
Cons	0.907* (1.676)	5.413*** (9.996)	1.093* (1.865)	5.591*** (9.540)
年份效应	是	是	是	是
行业效应	是	是	是	是
地区效应	是	是	是	是
N	2258	2258	1763	1763
adj. R^2	0.710	0.532	0.729	0.560

注：回归均采用稳健标准误估计；括号内为t值；***、**、*分别表示在1%、5%、10%水平上显著。

如表 8-7 模型 18、模型 19 所示，本章重点考察交互项 $DZ_{it} \times T_{it} \times RD_{it}$ 的系数 a_1，它反映了境外投资便利化对企业研发投入的影响。模型 19 检验结果显示，a_1 系数未通过显著性检验，表示境外投资便利化政策冲击并未通过研发投入影响企业全要素生产率。这说明研发投入并不是境外投资便利化提升企业全要素生产率的路径。模型 19 对用 OP 法计算的全要素生产率进行稳健性检验，检验结果高度一致。从表 8-7 模型 20、模型 21 来看，交互项 $DZ_{it} \times T_{it} \times Patent_{it}$ 的系数为正，且通过了显著性检验，表示境外投资便利化政策通过影响企业创新产出助推企业全要素生产率的提升，即创新产出是境外投资便利化提升企业全要素生产率的重要路径。对外直接投资是企业开放式创新和获取逆向技术溢出的重要渠道。科技型企业通过对外直接投资可以融入技术密集区域的创新网络，与当地的供应商、消费者加强合作交流，通过学习效应获取逆向技术溢出；同时也可以通过跨国并购，获取先进技术、人力资本等知识资产，进而提升创新效率和生产效率。

第七节　本章小结

一　主要结论

对外投资快速发展的同时，中国境外投资管理体制改革深入推进，形成了"备案为主、核准为辅"的管理模式，为企业更好地"走出去"提供了制度保障。那么，中国境外投资管理体制机制改革效果如何，对微观主体产生哪些影响？目前学术界尚缺乏对这些问题的实证考察。基于此，本章利用商务部《境外投资企业（机构）名录》、Wind 上市公司并购重组数据库和国泰安上市公司数据库，构建科技型企业境外投资数据库，以《境外投资管理办法》的颁布为准自然试验，采用倾向得分匹配和双重差分法考察境外投资便利化对科技型企业全要素生产率的影响及作用机制。研究结论可以概括为以下几点。

第一，运用倾向得分匹配和双重差分方法对境外投资便利化政策效果进行评估，结论显示境外投资便利化显著提升了中国科技型企业全要素生产率。对核心变量全要素生产率的测算采用 LP 和 OP 两种方法，检验结论高度一致。同时进行平行趋势检验、替换代理变量等稳健性测试，发现境外投资便利化对中国科技型企业全要素生产率的促进效应依然稳健。

第二，境外投资便利化政策对科技型企业全要素生产率的影响存在异质性。基于所有制的分组检验显示，境外投资便利化政策实施对民营企业全要素生产率的提高产生显著影响，而对国有企业未产生显著影响。基于地区差异的分组检验显示，境外投资便利化政策对东部地区企业全要素生产率产生显著影响，而对中西部地区企业全要素生产率的影响不显著。这说明境外投资便利化政策实施效果受企业所有制性质以及企业所在地区差异的影响。

第三，从技术创新视角验证了境外投资便利化政策对科技型企业全要素生产率的传导机制。结论显示，境外投资便利化政策冲击并未通过研发投入影响企业全要素生产率，而是通过创新产出对企业全要素生产率产生了影响。境外投资便利化政策有利于企业开展国际化经营，科技型企业往往借助 OFDI 嵌入技术密集区的创新网络，获取逆向技术溢出。跨国并购也是中国科技型企业"走出去"的重要方式，通过并购海外优质资产，企业能够获得与母公司形成互补的知识、技术资产，进而提升其创新效率和生产效率。

二 政策建议

本章利用准自然实验考察了境外投资便利化政策对中国科技型企业全要素生产率的因果关系和作用机制，拓展了宏观经济政策与微观企业行为的研究框架，对进一步深化境外投资管理体制机制改革和提升科技型企业国际竞争力提供了重要参考依据。

第一，进一步完善境外投资制度体系，为企业"走出去"提供制度支撑。从上述分析来看，境外投资便利化有助于科技型企业 TFP 的提升，政策实施效果显著。这也说明，简政放权有利于释放微观主体的活力，促进科技型企业深度参与国际产业分工体系，提升全球价值链地位。应深化企业"走出去"的体制机制改革，建立完善的监管体系和政策扶持体系，重点支持企业在海外设立研究中心或实验室、国际技术转移机构和科技园区等，促进优势企业构建全球研发体系。

第二，按照市场主体分类施策，提升境外投资政策实施效果。国有企业境外投资需要确保国有资产保值增值，而民营企业则更多地需要通过市场化手段加强境外投资风险防范。因此，有必要探索境外投资分类管理方式。例如，对国有企业而言，应进一步简化事前管理环节，降低制度性交易成本，加强事中事后监管，提升国有企业境外投资绩效；对民营企业而言，则可以通过搭建信息平台、发展中介服务机构等方式提升境外投资综合服务水平，为民营企业抵御风险提供更好的服务。

第三，完善双边或多边合作机制，降低科技型企业境外投资风险。对外直接投资作为开放式创新的重要渠道，为新兴市场国家实现技术赶超提供了可能。但随着贸易保护主义抬头，中国科技型企业对外直接投资面临更加严苛的投资壁垒和交易不确定性增加带来的风险。应建立完善多层次的双边、多边合作机制，例如推进设立产业投资合作基金，为国家间重点产业发展与投资提供资金支持。同时，针对一些国家对中国技术标准认同感不强等突出问题，应加强知识产权保护，促进签订技术标准互认协议，从而降低企业因产品标准而被当地市场拒绝的风险。

第九章 主要结论与对策建议

科技型企业投资的目标多是获取先进技术和营销网络等高附加值资源，以实现向价值链高端攀升，因此在开展对外直接投资时更容易面临技术标准壁垒、知识产权诉讼、国家安全审查等各种风险。本章结合前文分析，从政策层面和企业层面提出完善并优化科技型企业"走出去"体制机制的相关建议。

第一节 主要结论

一 科技型企业对外直接投资特征

本书通过对匹配后的上市公司数据进行统计性描述，对科技型上市公司的对外直接投资特征进行分析，对比分析了开展 OFDI 企业与未开展 OFDI 企业的异质性差异，可以发现：（1）从投资方式来看，科技型上市公司首次投资以绿地投资为主，二次投资中 60% 以上的企业延续了首次投资的方式。从投资区位来看，科技型上市公司投资主要集中在高收入国家（地区）。从投资动机来看，科技型上市公司开展对外投资主要目的在于商贸服务和技术寻求。从企业所属省份来看，开展对外直接投资的科技型上市公司主要来自东部发达省份。（2）选取生产经营指标、技术创新指标、生产效率指标，将开展 OFDI 企业与未开展 OFDI 企业进行对比分析，结果显示开展 OFDI 企业在生产规模、经营效益、技术创新投入、创新产出、生产效率、高管政治关联、高管研发背景和高管海外学习或工作背景等方面的均值高于未开展 OFDI 企业。

二　科技型企业对外直接投资决策

本书重点考察了技术创新能力对中国科技型企业对外直接投资决策的影响。技术创新能力体现了科技型企业的核心竞争力。本书通过构建 Logit 模型考察技术创新能力越高的企业是否对外直接投资的可能性也越大。进一步利用专利类型的差异，同时将高技术水平创新和低技术水平创新作为企业技术创新能力的度量指标进行研究，以求更准确地刻画创新质量对企业对外直接投资决策的影响。另外，结合跨国公司国际化理论、发展中国家对外投资理论以及科技型企业的特质性，对影响中国科技型企业 OFDI 决策的因素进行全面分析，包括企业经营状况、企业社会资源、母国制度环境等，并进一步根据行业分类、东道国（地区）收入水平、投资动机进行分组检验。结果显示：高技术水平创新对企业对外直接投资的作用并不显著，而低技术水平创新对企业对外直接投资产生正向作用，这说明我国对外投资企业技术优势仍主要体现在渐进式创新而非颠覆式创新；技术创新对服务业企业对外直接投资产生正向作用，制造业企业对外直接投资更依赖规模优势而非技术优势；技术创新能力越强的企业越有可能到高收入国家（地区）投资，但并不一定到中低收入国家（地区）投资；技术创新能力越强的企业越有可能开展商贸服务型和技术研发型对外直接投资，但不一定开展当地生产型对外直接投资。

三　科技型企业对外直接投资模式

立足于中国科技型企业实践，本书对企业生产率与 OFDI 进入模式的关系这一异质性理论的重要命题进行机理分析与实证检验，并将国家特定优势纳入分析框架，考察了国有股权、政府补贴和市场化改革的调节作用。研究结果表明：在高技术行业内，生产率越高的企业越倾向于选择绿地投资；国有股权对生产率与 OFDI 进入模式的关系起到负向调节作用，政府补贴对生产率与 OFDI 进入模式的关系起到正向调节作用，而市场化改革的调节作用并不显著。本书的学术贡献在于：针对中国科技型企业 OFDI 进入模式的异质性因素进行的全面考察，为研究技术密集型行业内企业生产率与 OFDI 进入模式的关系提供了新兴市场国家的直接证据；基于新兴市场国家的制度特征，首次将国家特定优势纳入实证研究框架，从国有股权、政府补贴和市场化改革三个维度研究了国家特定优势对企业生产率与 OFDI 进入模式关系的调节作用，拓展了现有研究的边界。

四 科技型企业对外直接投资绩效

本书采用倾向得分匹配和双重差分方法系统评估了对外直接投资对中国科技型企业全要素生产率的平均效应和动态效应，并从投资特征视角分析了 OFDI 生产率效应的差异性。主要结论如下：一是对外直接投资显著促进了中国科技型企业全要素生产率的提升，且促进作用呈现先上升后下降的趋势；二是绿地投资对科技型企业全要素生产率的促进作用具有滞后性，而跨国并购对当期和多期全要素生产率均产生积极作用；三是技术寻求型 OFDI 对科技型企业全要素生产率的促进作用最为显著，当地生产型 OFDI 的生产率效应具有滞后性，而商贸服务型 OFDI 的生产率效应并不显著；四是在高收入国家（地区）投资能够显著提升企业全要素生产率，在中低收入国家（地区）投资对企业全要素生产率的作用并不显著。研究结论为中国科技型企业理性选择 OFDI 策略提供了科学依据。

五 境外投资便利化政策效应评估

以《境外投资管理办法》的颁布为准自然试验，本书采用倾向得分匹配和双重差分法考察境外投资便利化对科技型企业全要素生产率的影响及作用机制。研究结论可以概括为以下几点。

一是运用倾向得分匹配和双重差分方法对境外投资便利化政策效果进行评估，结论显示境外投资便利化显著提升了中国科技型企业全要素生产率。本书对核心变量全要素生产率的测算采用 LP 和 OP 两种方法，检验结论高度一致。同时，进行平行趋势检验、替换代理变量等稳健性测试，结论显示境外投资便利化对中国科技型企业全要素生产率的促进效应依然稳健。

二是境外投资便利化政策对科技型企业全要素生产率的影响存在异质性。基于所有制的分组检验显示，境外投资便利化政策实施对民营企业全要素生产率的提高产生显著影响，而对国有企业未产生显著影响。基于地区差异的分组检验显示，境外投资便利化政策对东部地区企业全要素生产率产生显著影响，而对中西部地区企业全要素生产率的影响不显著。这说明境外投资便利化政策实施效果受企业所有制性质以及企业所在地区差异的影响。

三是从技术创新视角验证了境外投资便利化政策对科技型企业全要素生产率的传导机制。结果显示，境外投资便利化政策冲击并未通过研发投入影响企业全要素生产率，而是通过创新产出对企业全要素生产率产生了影响。境外投资便利化政策有利于企业开展国际化经营，科技型企业往往借助 OFDI 嵌入技术密集区的创新网络，获取逆向技术溢出。跨国并购也是中国科技型企业"走出去"的重要方式，通过并购海外优质资产，企业能够获得与母公司形成互补的知识、技术资产，进而提升其创新效率和生产效率。

第二节 基于政府层面的建议

科技型企业日益成为中国对外直接投资的重要主体。伴随全球经济下滑、贸易保护主义抬头、地缘政治冲突等多种因素叠加，中国科技型企业开展对外直接投资面临的风险和不确定性显著增加。政府部门应采取建立完善政策体系、加强服务平台建设、积极推动境外投资便利化等措施，更好地为科技型企业"走出去"保驾护航。

一 完善科技型企业"走出去"的政策体系

（一）加强规划引领和统筹推进

中国科技型企业通过对外直接投资可以获取先进技术、专业人才、销售渠道和管理经验等战略资产，进而提升全球价值链地位，对于提升我国企业创新能力、推动国内产业转型升级具有重要意义。2005年，商务部、科技部等联合发布《关于鼓励科技型企业"走出去"的若干意见》，提出通过国家级科技计划、建立"走出去"服务体系、鼓励科技型企业在海外设立研发机构等多方面政策支持科技型企业开展境外投资。建议进一步加强顶层设计和政策保障体系建设，相关部门联合研究制定鼓励中国科技型企业对外直接投资的实施意见和具体细则，为科技型企业"走出去"提供全方位的政策支持和制度保障。加强商务、经信、科技、海关等部门的沟通协调，对科技型企业开展境外投资进行专题研究，协调解决科技型企业开展境外投资的重大问题。地方政府可以结合本地企业实际需求，制定鼓励科技型企业"走出去"的实施方案，推动科技型企业更好地融入全球创新网络，带动提升本地企业自主创新能力。

（二）加强境外投资的投向引导

当前国际国内环境正在发生深刻变化，一方面高科技行业成为境外投资的热点领域，另一方面欧美国家的"技术封锁""技术脱钩"等导致中国科技型的企业境外投资面临更大风险和挑战。在此背景下，政府部门需要加强对中国科技型境外投资的宏观指导，进一步引导和规范境外投资方向，有效防范各类风险。完善境外投资产业和国别导向政策，支持国内有条件的科技型企业在境外开展高新技术和先进制造业投资，促进我国战略性新兴产业以及前沿领域技术和产业发展。建立重点领域产业链供应链安全风险评估机制，及时引导科技型企业分析评估相关交易风险、调整战略布局并制定具体应对策略。

（三）完善科技型企业境外投资的财税政策

鼓励地方政府加大财政投入，支持科技型企业围绕延链补链强链开展境外投资合作。例如，可以参照上海经验，设立"一带一路"建设产业技术专项资金，鼓励科技型企业通过共建研究中心或实验室、共建科技或创新园区、联合技术研发与示范推广项目、共建国际技术转移机构等方式提升跨国企业技术创新能力。2016年，天津在全国率先设立"一带一路"国际科技合作示范项目专项经费，鼓励科技型企业与沿线国家开展科技合作。2018年，深圳市出台的《深圳市战略性新兴产业发展专项资金扶持政策》中明确提出，专项资金对海外并购基金、中试基金投资的企业和项目予以重点支持。通过设立基金等方式，能够放大财政资金的杠杆效应，同时为科技型企业开展对外投资并购提供专业化的投融资综合服务。另外，充分发挥境外所得税收优惠等针对高技术行业的专项税收政策作用，鼓励科技型企业开展国际化经营。

（四）加大科技型企业境外投资的金融信贷支持

引导国内金融机构参与科技金融国际化资源配置，鼓励建立社会化的创新创业基金，共同分担研发风险。鼓励国内金融机构为科技型企业境外投资提供流动资金贷款等多种方式信贷支持。加强中国出口信用保险公司等政策性保险机构的风险保障和投融资桥梁作用，引导社会资金成立科技型企业专项保险公司，为企业"走出去"提供信用保险，防控投资风险。推动相关金融机构开发适合科技型企业的保险产品和再融资产品。支持保险机构开发符合科技成果转移转化和产业转移特点的保险品种，完善科技成果转化过程中的保费补贴政策，支持科技成果转移转化。

二 拓宽科技型企业"走出去"的方式和领域

（一）鼓励科技型企业集群式"走出去"

引导鼓励我国高新区、自主创新示范区、农业科技园区、海洋科技产业园区、环保产业园等与"一带一路"沿线国家主动对接，为科技型企业链接国际优质创新资源搭建平台。积极推动国际技术转移中心、联合研发中心、科技合作创新联盟和国际创新园等国际科技合作基地建设，鼓励建立国际化"双创空间"，促进新业态和新商业模式互利合作。探索建立境外科技园，鼓励科技型企业、研发机构等到发达国家研发资源集聚区合作设立科技园，聚集国际高端创新资源，提高企业自主创新能力。例如，湖北的光谷北斗公司在泰国建设中国—东盟北斗科技城，武汉东湖新技术创业中心在比利时设立高科技孵化园区，带动一批科技型企业融入全球产业链、价值链和物流链。加快建立境外经贸合作区，发挥产业集聚效应和规模优势，增强中国科技型企业抵御境外投资风险的能力。鼓励地方政府结合当地产业优势，准确定位产业方向和功能，突出主导产业的产业链构筑，在相关国家建设一批加工制造、资源利用、商贸物流等多种类型的境外经贸合作区，为企业集群式"走出去"打造平台优势。支持大型本土跨国公司带动省内中小企业开展跨国经营，支持各类企业通过契约、协议等形式结成风险共担的"走出去"联合体或战略联盟，增强规模优势，共同开发市场。

（二）鼓励科技型企业境外投资绿色发展

绿色发展是可持续发展的必要条件。当前，世界多国把绿色作为科技革命和产业变革的重要方向，碳中和问题成为国际社会关注焦点，国际贸易投资中的绿色规则加速演进。进入新发展阶段，对外投资合作只有践行绿色发展理念，才能在国际合作与竞争中赢得主动。2021年商务部、生态环境部发布的《对外投资合作绿色发展工作指引》提出，鼓励企业开展境外绿色投资、绿色建设、绿色生产、绿色运营、绿色创新，把绿色理念贯穿至对外投资合作全过程。科技型企业在我国绿色发展中担负着重要作用。应鼓励科技型企业通过设立境外研发中心、创新中心、实验室、孵化器等科技创新平台，开展高水平联合研究，引入国际人才资源，加快绿色技术创新，积极融入全球绿色技术联盟和发展体系。鼓励科技型企业灵活运用各种投资方式和路径，与国际先进企业开展碳排放领域的合作，加强碳减排和碳消除技术的境外投资。鼓励科技型企业参与太阳能、风能、核能、生物质能等清洁能源领域对外投资，积极与境外企业和机构加强绿色发展合作，对接融入全球绿色产业链。

（三）支持科技型企业参与数字经济对外投资

随着新一轮科技革命和产业变革的深入发展，数字经济成为未来全球经济增长的新引擎。进入新发展阶段，加快推动数字经济对外投资合作，有利于企业参与全球产业链重塑，巩固和创造我国在数字经济领域的发展优势，推动实现更高水平的国内国际双循环。鼓励科技型企业积极融入数字经济全球产业链，加快布局海外研发中心、产品设计中心，汇聚全球创新要素，加强与境外科技型企业在大数据、5G、人工智能、区块链等数字技术领域开展合作，联合研发前沿技术。加强与发达国家在人工智能、虚拟现实、区块链等领域合作，通过设立实验室、共建孵化平台、建立研发战略联盟等多种方式，积极融入全球先进数字技术发展体系。鼓励科技型企业在条件成熟的"一带一路"共建国家开展技术创新合作和电子政务、远程医疗等应用场景合作。对于基础设施条件不足的发展中国家，加强移动终端合作，提高硬件普及率，推动软件开发与应用。鼓励科技型企业积极参与东道国数字惠民、数字金融、数字治理等民生项目，结合当地复工复产需求开展云经济合作。

（四）支持科技型企业参与"一带一路"建设

我国与"一带一路"沿线国家的合作不应局限在基础设施、工程建设和中低端产业上，应大力推进制造业与高科技领域等高端产业的合作，通过高质量的产业对接带动产品、就业、金融、劳务、文化、标准等各领域的广泛输出，并拓高质量增长点。而科技型企业应是共建"一带一路"的主力军。从投资方式来看，鼓励科技型企业在"一带一路"沿线国家建立海外研发中心，支持企业按照国际规则并购、合资、参股国外创新型企业和研发机构，提高海外知识产权运营能力；鼓励并推动科技型企业在"一带一路"沿线国家建立技术孵化器、产业基地，开展技术与投资贸易合作，加快核心技术突破和产品创新，促进先进适用技术、产品、品牌、管理、标准等输出，推动产业向价值链中高端攀升。从区域布局来看，鼓励科技型企业与创新型经济体在技术人才、生物医药、智能制造等优势领域开展合作；支持科技型企业与具有良好工业基础的国家在汽车、装备制造、机械设备等重点产业开展合作；引导科技型企业与传统工业化国家在传统产业的绿色化、智能化改造等领域开展合作。

三 加强科技型企业"走出去"的服务平台建设

（一）建立科技型企业境外投资数据库

目前，科技型企业境外投资的统计数据相对缺乏。建议相关部门建立完善科技型企业境外投资统计制度，建立科技型企业境外投资数据库，及时跟踪了解企业境外投资动态和政策需求。加强境外投资事前、事后信息服务指导，在技术资源充裕的国家搜集海外高科技项目、待并购企业信息、国际政策与投资环境等信息，并及时发布企业海外投资需求，畅通跨国资源对接渠道。鼓励地方相关部门定期开展问卷调查，了解企业投资意向及投资过程中面临的主要问题和困难等。

（二）鼓励设立综合性一站式服务平台

境外投资涉及的地域广阔，且行业纷繁，科技型企业所需的海外高科技项目、待并购企业信息、国际政策与投资环境等投资决策的核心信息仍非常缺乏。而且，科技型企业在信息收集、海外经营风险防范、海外市场分析、国别市场选择上需要专业机构的指导。民营咨询机构在资源整合方面尚缺乏足够实力。建议由相关部门牵头成立综合性一站式服务平台，整合各部门、各行业的政策资源，为科技型企业提供覆盖全流程的境外投资服务。

（三）加强境外金融综合服务能力建设

在科技型企业"走出去"步伐加快的同时，金融机构"走出去"进程相对滞后。从覆盖的国家和地区数量来看，截至2020年年末，中国银行、工商银行、建设银行、交通银行和农业银行境外机构覆盖的国家和地区数量分别达到61个、49个、30个、17个和18个，覆盖范围相对全面均衡。但五大银行境外金融业务主要集中在跨境人民币结算、国际贸易融资和银团贷款等方面，基金、保险、信托、租赁等境外业务发展仍显不足。建议简化商业银行在境外设立分支机构及并购的审批核准手续，鼓励在科技型企业"走出去"相对集中的地区加大银行网点布局力度，持续优化境外网络服务体系，灵活调整优化相关的业务发展策略，加快境外合规和风控的长效机制建设。发挥金融机构在融资、贷款、资源整合等方面优势，创新金融产品和服务方式，运用多元化渠道提升金融综合服务能力。

四 发挥自贸实验区引领作用，推进境外投资便利化

建设自由贸易试验区试点是我国构建开放型经济新体制的重要举措。自2013年9月上海成立第一个国家级自由贸易试验区起，我国已批准设立六批共21家自由贸易试验区，自由贸易试验片区达到67个，形成了覆盖东西南北中的格局。作为我国新时代对外开放的"试验

田",各自由贸易试验区依据自身地域发展特点和功能定位,以制度创新为核心,持续开展首创性、差异化探索,丰富制度供给,形成了众多创新性强、集成度高、特色鲜明的制度创新成果,积累了丰富的可复制、可推广的经验。自由贸易试验区在境外投资便利化方面的创新性尝试,值得推广和借鉴。

(一)境外投资备案便利化

中国(北京)自由贸易试验区为提高境外投资备案效率,对申请材料完整且符合法定形式的,在3个工作日内予以备案并颁发《企业境外投资证书》或《企业境外机构证书》。同时,在目前已实现的对外投资备案(核准)无纸化的基础上,加快推进实现证书的电子证照标准化。中国(北京)自由贸易试验区积极推动通过建立跨部门数据共享协调机制实现境外投资备案同步处理,进一步提升对外投资备案效率和真实性审核质量。中国(山东)自由贸易试验区烟台片区推出"境外投资一件事"主题式服务,将境外投资涉及的所有业务含"境外投资项目备案""境外投资企业备案"、"外汇管理备案"3个事项纳入联合审批,通过"三个一"即一次告知、一套材料、一个流程,三项业务29份申请材料减少到19份,材料压减率为34%,平均办理时限由过去的至少30个工作日压减到3个工作日,助力企业有效"走出去"。

(二)境外融资便利化

科技型企业具有轻资产、高成长、高风险等特征,资金约束往往制约了企业开展对外直接投资。2020年4月,国家外汇管理局上海市分局发布并实施了《关于中国(上海)自由贸易试验区高新技术企业外债便利化额度试点业务的通知》,支持和鼓励注册地在自由贸易试验区内,具有自主知识产权,技术和工艺先进,市场前景良好,净资产规模较小,全口径跨境融资风险加权余额低于等值500万美元的创新型企业,在最高不超过等值500万美元的核定额度内自主借入外债。2022年5月,国家外汇管理局发布通知,对高新技术和"专精特新"

企业开展外债便利化试点进行"扩容"与"提额",其中,试点区域增至17个,覆盖全国80%的高新技术和"专精特新"企业;将之前9个试点区域的便利化额度提高到等值1000万美元。该政策能够有效促进中小微高新技术企业和"专精特新"企业更好利用两个市场、两种资源,拓宽企业融资渠道,降低企业融资成本,推动企业将更多资金投入研发与生产中,增强企业自身创新研发能力。

(三)搭建"走出去"专业服务平台

中国(北京)自由贸易试验区对"走出去"企业建立"市级管家"和"自贸试验区管家"联动"双管家"服务机制,做好企业配套个性化服务。同时,完善京企"走出去"服务平台,联合香港、澳门建立三地"抱团出海"合作平台,搭建多层级渠道双向投资促进机制。探索政府采购专业服务,为中小企业"走出去"提供国别政策解读、行业分析、风险预警等咨询服务。中国(上海)自由贸易试验区率先建立境外投资全生命周期服务体系,通过整合融资服务机构会计师事务所、咨询机构、律师事务所、评估机构等专业力量,推进境外投资项目库、资金库、信息库的建设,实现企业、政府与服务机构的信息共享和有效对接。

五 提升科技型企业国际化经营能力

(一)培育本土科技型跨国公司

本土科技型跨国公司是我国高水平对外开放的重要载体,也是参与国际科技竞争与合作的重要主体。加快本土科技型跨国公司兼具迫切性和重要性。首先,建立动态梯度培育体系。在智能制造、生物医药、绿色经济、数字经济等高端制造和尖端技术领域,选择一批具有较大经营规模、品牌知名度和核心竞争力的科技型企业,列为重点跟踪服务对象,从财政扶持、人才培训、融资增信等方面予以支持。其次,引导企业由单个项目投资向产业链投资转变。支持科技型企业通过绿地投资、并购重组等方式，在境外建立技术研发中心、销售网络、生产加工基地和资源开发基地，提升跨国经营能力，加快培育一批具有产业链上下游整合能力和国际竞争力的跨国公司。支持和引导企业开展全球链式布局，鼓励龙头企业率先布局重点国别区域产业链、供应链关键节点，带动中小企业拓展海外发展空间。最后，鼓励企业开展战略资产寻求型对外直接投资。目前，我国企业"走出去"的一个显著特征是向全球价值链上游迈进，通过跨国并购获得先进技术、品牌和海外市场管理经验。建议通过完善政策扶持、设立并购基金、重点培育引导、优化中介服务等途径，鼓励企业在创新型国家开展对外直接投资，以获取技术、品牌、供应链、销售网络等战略性资产。重点支持企业在海外设立研究中心或实验室、国际技术转移机构和科技园区等，促进优势企业构建全球研发体系。

（二）加大国际化人才培养和引进力度

伴随着科技型企业加大海外投资力度，企业对国际化人才的需求呈现多元化和高端化趋势。应高度重视国际化人才的培养，特别是要大力培养企业急需的具备国际视野、通晓国际规则、具有创新思维和能够跨文化交流的复合型人才。打造"走出去"专业人才库，采取国际猎头选聘、人才租赁、人才交流、人才实训等方式，大力培养和引进跨国经营和管理人才。鼓励地方相关部门长期开展技术经纪人、海外并购等国际化人才培训，形成定期培训制度，为企业集中培养一批高素质、复合型、实用性国际化人才。充分发挥各类引进高层次人才服务平台作用，开通引进境外专门人才绿色通道，对引进的高层次跨国经营管理人才在居留与出入境、落户、保险、医疗、住房、税收、配偶安置、子女就学等方面提供便利。大力培育国际人才中介服务机构，为引进跨国经营管理人才提供专业化服务。

（三）加强法律和知识产权保护与服务

中国科技型企业在开展对外直接投资过程中存在合作开发中的技术使用或知识产权许可等问题，可能会带来知识产权风险。首先，构建海外知识产权服务网络。培育发展面向科技型企业境外投资服务的律师事务所和知识产权服务机构，为科技型企业"走出去"提供法律和知识产权服务。加强与境外法律机构、律师事务所、知识产权服务机构多种形式的合作，逐步完善境外法律支援体系。及时发布海外和涉外知识产权服务和维权援助机构名录。其次，完善海外知识产权风险预警体系。支持行业协会、专业机构跟踪发布高技术领域知识产权信息和竞争动态。制定、完善与知识产权相关的贸易调查应对与风险防控国别指南。完善海外知识产权信息服务平台，发布相关国家和地区知识产权制度环境等信息。建立、完善企业海外知识产权问题及案件信息提交机制，加强对重大知识产权案件的跟踪研究，及时发布风险提示。

（四）完善科技型企业"走出去"中介服务体系

科技型企业开展境外投资的过程较为复杂，面临各种风险和不确定性，需要包括行业商会协会、咨询顾问公司、投资公司、会计师事务所、律师事务所、审计事务所、知识产权事务所、资产评估鉴定机构等中介机构提供信息咨询、风险评估、融通资金、商业保险、财税法律等专业化服务。目前，我国境外投资服务体系有待进一步完善。首先，加快培育境外投资中介机构。培育面向企业境外投资和跨国经营的社会化服务机构，鼓励服务机构"走出去"设立境外服务站点，加强信息、法律、维权等境外服务。引导中介服务机构联合重组，提升竞争力和发挥品牌效应，加速与国际惯例和国际市场接轨。其次，鼓励构建境外投资中介机构联盟。支持国际投资咨询公司、会计师事务所、律师事务所、知识产权事务所等机构联合成立境外投资专业服务联盟，加强政府部门、专业机构及各种所有制企业之间的互动和沟通，为"走出去"企业提供各类专业化服务。最后，充分发挥现有平台的作用。依托国家涉外政策性金融机构数据收集渠道和技术分析手段，为科技型企业境外投资提供资信调查、信用评级、行业风险分析、国别信息信用管理咨询与培训等服务。充分发挥海外侨商组织和其他华人华侨组织的作用，统筹利用贸促机构境外办事处、境外商会等组织和网络，为科技型企业境外投资提供信息服务。依托国家自主创新示范区、高新技术产业园、科技园等平台，为科技型企业境外投资提供综合服务。

六 优化科技型企业"走出去"的制度环境

（一）加强境外投资分类指导

国有企业境外投资需要确保国有资产保值增值，而民营企业则更多地需要通过市场化手段加强境外投资风险防范。因此，有必要探索境外投资分类管理方式。例如，对国有企业而言，应进一步简化事前管理环节，降低制度性交易成本，加强事中事后监管，提升境外投资绩效；对于民营企业而言，则可以通过搭建信息平台、发展中介服务机构等方式提升境外投资综合服务水平，为抵御风险提供更好服务。组织相关部门定期发布对外投资合作国别（地区）投资环境和产业指引，帮助民营企业了解投资目标国的政治、经济、法律、社会和人文环境及相关政策。

（二）健全多层次的双边与多边合作机制

科技型企业的投资目标多是获取先进技术和营销网络等高附加值资源，以实现向价值链高端攀升，因此更容易面临技术标准壁垒、知识产权诉讼、国家安全审查等各种风险。通过签署自贸区协定、双边投资协定、基础设施合作协定以及双边劳务合作协议等，切实保障中国企业的合法权益，为企业营造良好的投资法律环境。另外，可以推进设立双边或多边的产业投资合作基金，为国家间重点产业发展与投资提供资金支持。针对一些国家对我国技术标准认同感不强等突出问题，强化知识产权保护，协调与沿线国家的技术标准，促进签订技术标准互认协议，降低企业因技术标准而被当地市场拒绝的风险。随着美国、德国等国家对高技术领域外来投资审查更加严格，中国可以加强与以色列、俄罗斯、印度等"一带一路"沿线国家或地区在高技术市场领域的推广与合作。

（三）加强对外文化合作交流

加强对外文化合作交流是中国与相关国家之间政治互信的重要基础，是深化中国与相关国家投资合作的重要保障。建议运用互联网、大数据、云计算等新技术，以讲好中国故事为着力点，创新推进国际传播，加强对外文化交流和多层次文明对话。通过开展多层次文化交流和宣传，增强东道国对中国文化和企业经营理念的认同和信任，以降低对外直接投资特别是海外并购中的摩擦成本。倡导企业树立环保理念和责任意识，特别是尊重东道国的宗教、文化信仰和风俗习惯，保障当地劳工的合法权益，建立良好的企业形象。

（四）完善重大风险防范和应对机制

首先，加强事前管理。完善科技型企业"走出去"知识产权审查制度，防止知识产权纠纷。完善境外投资全口径管理，强化实施企业境外投资经营行为规范，指导行业协会建立健全境外投资企业自律机制。其次，加强风险预警。进一步建立健全国别重大风险评估和预警机制，加强动态信息收集和反馈，及时警示和通报有关国家政治、经济和社会重大风险。最后，加强风险应对。在境外科技型企业遭受重大损失时，通过法律、经济、外交等手段切实维护合法权益。健全知识产权境外维权和应对机制，积极开展境外知识产权维权，应对涉外知识产权纠纷。

第三节 基于企业层面的建议

当前，世界正处于百年未有之大变局，国际政治经济格局加速调整重构，世界经济陷入衰退，传统国际循环弱化，单边主义、保护主义抬头，逆全球化加剧，深刻影响我国科技型企业"走出去"的外部环境。科技型企业应根据国家经济发展需要和自身发展战略，在按照商业原则和国际通行规则开展优势互补、互利共赢的境外投资活动的同时，加快提高境外投资实力、国际化运营能力和风险防范能力，在实施投资过程中要切实遵守当地法律法规，注重环境资源保护，尊重当地社会习俗，保障当地员工的合法权益，履行必要的社会责任，树立中国企业依法经营、重信守诺、服务社会的良好形象。

一　理性制定境外投资策略

科技型企业需要结合自身战略导向选择最优的市场进入策略。新一轮技术革命正重塑世界科技竞争格局，中国科技型企业通过对外直接投资实现全球资源的优势互补。选择合适的市场进入策略是企业国际化成败的关键。科技型企业要更多地参与国际市场，必须提升技术创新能力，并根据自身的技术水平选择合适的投资区位和投资方式。

（一）制定长期战略规划

伴随着国际形势中不稳定、不确定因素的增多，科技型企业开展境外投资需要明确发展方向，遵循国际行业规范和标准，制定详细的中长期发展规划。在进行海外布局初期，企业需要对产品定位、行业发展趋势、竞争对手情况、东道国市场环境等进行深入调查，对投资项目、环境分析、地点选择、合作伙伴选择、经营策略的制定与执行等方面进行充分论证，在此基础上制定企业境外投资发展战略。

（二）选择合适的投资区位

科技型企业需要结合自身发展战略，结合东道国经营成本、税收减免政策、进出口政策以及其他宏观环境因素来选择境外投资目的地。一方面，科技型企业发挥技术优势选择在发展中国家进行投资，可以扩大市场份额，分摊高额研发成本，强化企业的产品优势和技术优势。2017年共建"一带一路"科技创新行动计划启动以来，中国与共建"一带一路"国家在科技人文交流、共建联合实验室、科技园区合作、技术转移四方面展开合作。科技型企业可以加大在东盟、南亚、中亚、东欧、非洲、拉美等地区的投资，推进技术成果应用，并进一步扩大国际市场占有率。另一方面，科技型企业在发达国家直接投资，可以充分利用发达国家的技术资源和人力资源，建立全球研发网络，追踪前沿技术，从而获取逆向技术溢出。同时，到发达国家开展对外直接投资，母公司需具备较强的创新能力才能克服较高的海外投资成本以及吸收投资所带来的知识溢出。美国、德国、意大利等发达国家是中国企业海外并购的主要目的地国，软件系统、半导体制造、医疗与生命科学等高科技领域是海外并购的重点领域。

（三）优化境外投资方式

从科技型企业对外投资绩效的经验检验来看，跨国并购的当期和多期生产率效应均显著，但整合后母公司与子公司的技术差距、文化冲突、战略分歧等因素可能会影响投资绩效。同时，美国、德国等发达国家对高新技术行业的国外投资审查日趋严格，中国企业在发达国家开展跨国并购屡屡受阻。绿地投资建设周期较长，投资产生的生产率效应具有滞后性。中国科技型企业可以通过设立海外研发中心、共建联合实验室等绿地投资方式以更好地熟悉当地的消费需求、获取前沿技术和知识网络。另外，科技型企业可以通过建立海外技术推广中心、国际技术转移中心、国际科技合作园区等各类国际合作创新平台，集聚各类创新资源，形成开放式创新格局。

二 建立境外投资风险管控体系

随着投资贸易保护主义抬头，高科技领域成为发达国家审查外国投资的重点领域，企业应加强风险评估，创新投资方式，提升境外合法合规经营水平。建立境外投资风险管控体系，应结合企业发展需求，形成规范的组织架体系、制度体系和监督机制。要加强项目前期的风险评估，对东道国投资环境、行业动态、国家安全、文化冲突等开展专业化风险评估。

（一）加强企业战略层面的风险评估

企业战略层面的风险评估尤为重要，一些企业进入并不熟悉的领域开展境外投资，往往增加了投资风险。2017年，《中央企业境外投资监督管理办法》明确规定中央企业境外投资必须符合企业发展战略和国际化经营规划，坚持聚焦主业，原则上不得在境外从事非主业投资。这一要求主要是为指导中央企业始终坚持立足主业发挥比较优势，提高走出去的核心竞争力，防止企业随意涉足非主业领域带来的境外投资经营风险。

（二）警惕东道国政治和监管风险

中国科技型企业境外投资面临的政治风险主要表现为政府干预、政策法律变动、民族主义行为、恐怖袭击、内乱和战争等。企业应及时建立风险预警体系，全面量化评估境外投资可能存在的战争风险、东道国安全审查、政权更迭等风险，以提高境外投资成功率。在不同的国家和地区，企业面临的政治风险不尽相同。中国企业在东南亚、南亚和拉美等新兴经济体遭遇的政治风险主要体现在官员腐败、市场准入和政党轮替引发的政策不稳定等问题。在欧美等发达国家或地区，中国科技型企业面临的主要政治风险是投资项目的安全审查。一些国家对涉及核心技术、前沿技术和重大资源领域的投资，采取更为严格、更加形式多样的限制措施。例如，2018年10月，美国公布《外国投资风险评估现代化法案》试点项目的暂行条例，针对27个领域扩大审查范围并实施强制性申报要求，以阻止外国投资者获得美国关键技术和知识产权。2019年4月10日，欧盟外商直接投资审查条例正式生效。英国于2022年1月份正式实施的国家安全审查制度，审查范围涉及新型材料、人工智能、机器人、量子计算等先进科技领域。因此，中国企业计划在发达国家高科技行业进行投资时，应当全面评估投资交易背后的监管审批风险，特别是可能在欧洲和美国面临的审批障碍。

（三）准确研判东道国投资环境风险

加强东道国投资环境综合调查，对行业准入、技术风险、财税、法律、外汇和商务政策等各方面的风险进行评估。一些国家采取本土生产产品享受银行特别贷款优惠利率、零部件必须限制在本地生产等措施来保护本地企业。另外，中国企业在对外合作中存在技术标准不一致的问题。例如，"一带一路"沿线部分国家和地区，虽然自身技术水平偏低，但技术标准往往是参照欧美标准，特别是在基础设施领域已形成固定的标准体系。中国和欧洲属地法律法规差异较大，特别是劳资关系、工会制约等方面。欧洲国家工会往往会基于员工满意度给企业施加压力，因此企业需要充分了解当地法律法规后开展国际化经营和管理。

三 提升企业技术创新能力

与发达国家相比，中国科技型企业国际化水平不高，核心技术创新能力不强，应对法律风险和政治风险的能力不足，诸多因素造成企业"走出去"屡屡受挫。从提升境外投资绩效的角度来看，科技型企业需要不断提升学习能力和自主创新能力。

（一）主动融入全球创新体系

随着全球化进程的不断加快，中国科技型企业实力不断增强，全球化研发布局成为众多企业参与国际竞争的重要方式。科技型企业积极主动融入全球创新体系，能够充分利用全球创新资源，加快实现由跟跑、并跑迈向领跑的跨越式转变。科技型企业要加强与创新资源丰裕国家的企业、科研机构和大学开展多形式、宽领域的科技合作与交流。科技型企业可以通过并购重组海外高技术企业或研发机构，建立海外研发中心或联合实验室，促进顶尖人才、先进技术及成果的引进和对外合作，提高全球创新资源配置能力。例如，华为、海尔等企业在全球投资建立研发中心，以便快速研发出全球领先的产品。另外，中国科技型企业可以通过收购、并购境外高精尖企业或技术研发部门，直接获取无形资产和先进设备。中国科技型企业通过雇佣当地科研人员与技术人员，能够及时跟踪前沿技术，提高技术和新产品研发能力。中国科技型企业也可以通过创办合资企业，或结成战略联盟、创新联合体等方式，与当地企业合作研发、资源互补和风险共担。

（二）构建自主研发体系

中国科技型企业应借助研发全球化趋势构建自主研发体系，加强颠覆式创新的研发投入，减少对外源性技术供给的依赖，提升国际化技术标准的话语权，改变关键核心技术受制于人的被动局面。企业应加大科技投入力度，组建、培养、壮大创新团队，形成自己的知识产权体系，逐步实现人才、技术、经济的良性循环和可持续发展。另外，行业领军企业可以牵头组建重大创新联合体，集成高校、科研院所的科技成果，统筹行业上下游的创新资源，形成体系化、任务型的协同创新模式。在功能定位上，创新联合体以完成国家重大关键核心技术攻关任务为导向，以国家战略需求为牵引，突破产业安全、国家安全的重大技术瓶颈制约。

四　加强知识产权海外布局

随着中国对外投资的快速增长，海外知识产权布局的重要性更加凸显。近年来，我国跨国公司的知识产权意识明显提升，在半导体、通信技术、高端装备制造等外向型程度高、国际竞争激烈、技术密集度高的领域，涌现出一批海外知识产权布局能力较强的企业。根据世界知识产权组织公布数据，2021年PCT国际专利申请量最多的国家是中国，共69540件，其次是美国（59570件）、日本（50260件）、韩国（20678件）和德国（17322件）。从申请人排名来看，华为技术有限公司以6952件位居第一位，中国广东欧珀移动通信有限公司（OPPO）和京东方科技集团股份有限公司位居前十位。

中国科技型企业"走出去"面临的知识产权问题主要体现在以下几个方面：一是由于知识产权保护不到位，企业在境外遭到产品被他人仿冒或侵权，生产销售遭到严重损失。二是在企业"走出去"过程中，因缺少知识产权布局，产品无法体现知识产权附加值，导致利润率偏低，同时容易引发知识产权贸易调查和反倾销调查。三是企业在境外遭遇知识产权侵权纠纷，很多国家知识产权判赔金额非常高而且诉讼成本高。四是企业面临技术标准中的知识产权障碍。在电信和半导体等领域，技术标准涉及大量核心专利。企业要想融入当地产业链，就必须采用当地的技术标准，而采用标准就必然涉及专利许可。针对上述问题，企业应围绕核心技术和市场布局，主动构建境外知识产权保护网络。首先，加强目标市场知识产权布局。及时收集主要对外投资目的地相关专利信息，熟悉掌握当地知识产权制度和申请程序，根据市场需求选择布局的国家地区、知识产权类型等。其次，建立知识产权预警机制。组织或委托专门机构进行知识产权检索分析，跟踪竞争对手或利益相关方的知识产权动态，及时发现潜在知识产权风险。最后，加强知识产权维权。企业可通过与专业知识产权机构密切协作、建立知识产权海外维权联盟、积极采取诉讼等手段维护自身权益，主动采取措施化解被控侵权危机。

五　加强国际化人才队伍建设

中国科技型企业在"走出去"过程中普遍缺乏熟悉海外市场、具有综合能力和国际化视野的复合人才。首先，提升境外工作人员的综合素质与能力。按照具备国际化视野、熟悉国际项目管理模式、拥有国际资源协调管理能力的标准，培养复合型国际化人才，建立专业化国际市场开发及管理人才队伍，为企业开展国际化经营提供有效的人才保障。其次，建立健全境外业务人才培养体系。围绕法律、税务、融资、商务、并购后管理、社会责任、风险防范等内容，开展实用型跨国经营人才常态化培训。探索引入境外企业职业经理人制度，形成与国际接轨的跨国人才选聘、管理和奖惩制度。再次，充分吸纳利用当地人力资源。建立本地人才招聘机制，充分吸纳熟悉本地政策、具有丰富管理经验以及掌握前沿技术的各类人才。最后，建立多元化激励机制。制定符合国际通行惯例和企业自身特点的薪酬制度，积极培养和引进跨国经营管理人才和高水平科技人才。对长期驻外特别是在条件差、风险高的国家或地区工作的人员，或对推动境外项目成功实施起到关键作用的人员，给予一定的奖励。将驻外工作经历作为企业内部选拔任用管理人员的重要考察依据之一，以提高企业外派人员的积极性和创造性。

六　充分借助专业化中介机构

企业在开展对外直接投资过程中往往对外国的法律环境、市场环境、政治环境以及各项办事流程等缺乏了解。中介机构可以为企业境外投资提供金融、法律、财务、商业咨询、评估等专业服务，为企业准确识别和防范潜在的商业风险、金融风险、社会风险、环境风险等提供帮助。因此，中国科技型企业在"走出去"过程中，要充分借助中介机构力量，最大限度规避风险和提高境外投资成功率。首先，借助中介机构做好项目可行性论证。企业在开展境外投资初期，在内部开展尽职调查的同时，可以根据具体项目需求聘请国内外专业第三方机构开展项目风险分析，在技术、市场、财务和法律等方面进行可行性研究与论证，提高境外投资决策质量。其次，依托中介机构解决法律及维权问题。企业往往对国际投资规则和国际惯例认知程度不高，在签订和履行国际投资合同时容易出现纰漏，导致企业自身合法权益难以得到有效保障。因此，企业应加强与境外法律机构、律师事务所、知识产权服务机构开展合作，健全境外维权和应对机制。最后，借助当地投资促进机构获取投资信息。许多国家或地区设有投资促进机构，可以为在当地投资或拓展业务的国外公司提供免费专业服务。中国科技型企业可以积极利用各国投资促进机构提供的相关服务，深入了解高新技术产业各类信息，以便高效开拓国际市场并与本地企业开展各项合作。

七 采用本土化经营策略

本土化经营策略能够促使企业快速整合东道国各种资源，降低海外运营成本，提升风险防控能力，从而更好地稳固跨国经营企业的市场地位。例如，海尔通过"本土化制造、本土化研发、本土化营销"三位一体的本土化战略，构建了遍布五大洲的研发、制造、营销的全球网络，实现从单一品牌覆盖全球市场，到多品牌协同满足全球本土化市场不同需求的跃升。参照海尔经验，中国科技型企业可以采用本土化经营策略开展国际化经营。首先，人力资源本土化。企业应不断优化国际化人才结构，积极雇佣和培训当地员工，有效化解文化冲突，使海外人员的行为、价值观与公司发展战略保持一致，有助于企业可持续发展。雇佣当地员工，不仅能够带动当地就业和经济发展，而且有助于树立负责任的企业形象，提升企业国际竞争力。其次，管理体制本土化。中国科技型企业要充分借鉴发达国家企业成熟的管理经验和高效的运营模式，加强自身制度体系、组织体系、责任体系、执行体系、评价体系等建设，全面提升企业管理能力和水平。最后，产品服务本土化。中国科技型企业进入国外市场，需要根据本地消费习惯、文化风俗特点等设计和生产相关产品，打造本土化品牌，以更好地对接适应本地市场。

参考文献

白洁：《对外直接投资的逆向技术溢出效应——对中国全要素生产率影响的经验检验》，《世界经济研究》2009 年第 8 期。

白洁：《基于吸收能力的逆向技术溢出效应实证研究》，《科研管理》2011 年第 12 期。

蔡昉：《以提高全要素生产率推动高质量发展》，《人民日报》2019 年 11 月 9 日。

柴忠东：《新兴市场跨国企业竞争优势：企业特定还是母国因素？》，《亚太经济》2013 年第 6 期。

陈晔婷、朱锐、张娟：《基于合成控制法的 OFDI 对企业研发效率的影响研究》，《投资研究》2016 年第 9 期。

陈劲、陈钰芬：《开放创新体系与企业技术创新资源配置》，《科研管理》2006 年第 3 期。

陈景华：《企业异质性、全要素生产率与服务业对外直接投资——基于服务业行业和企业数据的实证检验》，《国际贸易问题》2014 年第 7 期。

陈强、刘海峰、汪冬华、徐驰：《中国对外直接投资能否产生逆向技术溢出效应？》，《中国软科学》2016 年第 7 期。

陈岩：《中国对外投资逆向技术溢出效应实证研究：基于吸收能力的分析视角》，《中国软科学》2010 年第 10 期。

陈岩、翟瑞瑞、郭牛森：《基于多元距离视角的中国对外直接投资决定因素研究》,《系统工程理论与实践》2014 年第 34 期。

陈怀超、范建红:《制度距离、中国跨国公司进入战略与国际化绩效:基于组织合法性视角》,《南开经济研究》2014 年第 2 期。

杜群阳:《R&D 全球化、反向外溢与技术获取型 FDI》,《国际贸易问题》2006 年第 12 期。

杜群阳、朱勤:《中国企业技术获取型海外直接投资理论与实践》,《国际贸易问题》2004 年第 11 期。

Jame Gouey、宋立刚:《崛起的中国:全球机遇与挑战》,社会科学文献出版社 2012 年版。

蒋冠宏、蒋殿春、蒋昕桐:《我国技术研发型外向 FDI 的"生产率效应"——来自工业企业的证据》,《管理世界》2013 年第 9 期。

蒋冠宏、蒋殿春:《中国工业企业对外直接投资与企业生产率进步》,《世界经济》2014 年第 9 期。

蒋冠宏:《企业异质性和对外直接投资——基于中国企业的检验证据》,《金融研究》2015 年第 12 期。

蒋冠宏、蒋殿春:《绿地投资还是跨国并购:中国企业对外直接投资方式的选择》,《世界经济》2017 年第 7 期。

冀相豹:《中国对外直接投资影响因素分析——基于制度的视角》,《国际贸易问题》2014 年第 9 期。

冀相豹、葛顺奇:《母国制度环境对中国 OFDI 的影响——以微观企业为分析视角》,《国际贸易问题》2015 年第 3 期。

金鹿:《中国企业技术寻求型对外直接投资进入模式选择分析》,《中国科技论坛》2018 年第 8 期。

韩先锋、惠宁、宋文飞:《OFDI 逆向创新溢出效应提升的新视角——基于环境规制的实证检验》,《国际贸易问题》2018 年第 4 期。

韩玉军、王丽:《中国 OFDI 逆向技术溢出效应的影响因素研究——基于国别面板数据非线性门槛技术回归》,《经济理论与经济管理》2015 年第 6 期。

高厚宾、吴先明：《新兴市场企业跨国并购、政治关联与创新绩效——基于并购异质性视角的解释》，《国际贸易问题》2018 年第 2 期。

高艳慧、万迪昉、蔡地：《政府研发补贴具有信号传递作用吗？——基于我国高技术产业面板数据的分析》，《科学学与科学技术管理》2012 年第 1 期。

葛顺奇、罗伟：《中国制造业企业对外直接投资和母公司竞争优势》，《管理世界》2013 年第 6 期。

李童：《双边关系对中国技术寻求型对外直接投资的影响——以中美贸易争端为背景》，《人文杂志》2019 年第 8 期。

李梅、金照林：《国际 R&D、吸收能力与对外直接投资逆向技术溢出——基于我国省际面板数据的实证研究》，《国际贸易问题》2011 年第 10 期。

李梅、柳士昌：《对外直接投资逆向技术溢出的地区差异和门槛效应——基于中国省际面板数据的门槛回归分析》，《管理世界》2012 年第 1 期。

李梅、袁小艺、张易：《制度环境与对外直接投资逆向技术溢出》，《国际贸易问题》2014 年第 2 期。

李梅、余天骄：《海外研发投资与母公司创新绩效——基于企业资源和国际化经验的调节作用》，《世界经济研究》2016 年第 8 期。

李磊、包群：《融资约束制约了中国工业企业的对外直接投资吗？》，《财经研究》2015 年第 6 期。

李磊、蒋殿春、王小霞：《企业异质性与中国服务业对外直接投资》，《世界经济》2017 年第 11 期。

李善民、李昶：《跨国并购还是绿地投资？——FDI 进入模式选择的影响因素研究》，《经济研究》2013 年第 12 期。

李勃昕、韩先锋、李宁：《知识产权保护是否影响了中国 OFDI 逆向创新溢出效应？》，《中国软科学》2019 年第 3 期。

李新春、肖宵：《制度逃离还是创新驱动？——制度约束与民营企业的对外直接投资》，《管理世界》2017 年第 10 期。

黎文靖、郑曼妮：《实质性创新还是策略性创新？——宏观产业政策对微观企业创新的影响》，《经济研究》2016 年第 4 期。

林莎、雷井生、杨航：《中国企业绿地投资与跨国并购的差异性研究——来自 223 家国内企业的经验分析》，《管理评论》2014 年第 9 期。

刘斌、王杰、魏倩：《对外直接投资与价值链参与：分工地位与升级模式》，《数量经济技术经济研究》2015 年第 12 期。

刘莉亚、何彦林、王照飞、程天笑：《融资约束会影响中国企业对外直接投资吗？——基于微观视角的理论和实证分析》，《金融研究》2015 年第 8 期。

刘明霞：《中国企业对发达国家 FDI 的逆向知识转移》，《经济管理》2009 年第 3 期。

刘明霞、王学军：《中国对外直接投资的逆向技术溢出效应研究》，《国际贸易问题》2009 年第 9 期。

刘晓丹、衣长军：《中国对外直接投资微观绩效研究——基于 PSM 的实证分析》，《世界经济研究》2017 年第 3 期。

鲁晓东、连玉君：《中国工业企业全要素生产率估计：1999—2007》，《经济学（季刊）》2012 年第 2 期。

鲁万波、常永瑞、王叶涛：《中国对外直接投资、研发技术溢出与技术进步》，《科研管理》2015 年第 3 期。

吕萍、郭晨曦：《治理结构如何影响海外市场进入模式决策——基于中国上市公司对欧盟主要发达国家对外直接投资的数据》，《财经研究》2015 年第 3 期。

马亚明、张岩贵：《技术优势与对外直接投资：一个关于技术扩散的分析框架》，《南开经济研究》2003 年第 3 期。

毛其淋、许家云：《中国企业对外直接投资是否促进了企业创新》，

《世界经济》2014年第8期。

欧阳艳艳：《中国对外直接投资逆向技术溢出的影响因素分析》，《世界经济研究》2010年第4期。

裴长洪、樊瑛：《中国企业对外直接投资的国家特定优势》，《中国工业经济》2010年第7期。

裴长洪、郑文：《国家特定优势：国际投资理论的补充解释》，《经济研究》2011年第11期。

皮建才、李童、陈旭阳：《中国民营企业如何"走出去"：逆向并购还是绿地投资》，《国际贸易问题》2016年第5期。

潘圆圆、张明：《中国对美投资快速增长背景下的美国外国投资委员会改革》，《国际经济评论》2018年第5期。

潘镇、金中坤：《双边政治关系、东道国制度风险与中国对外直接投资》，《财贸经济》2015年第6期。

钱雪松、康瑾、唐英伦、曹夏平：《产业政策、资本配置效率与企业全要素生产率——基于中国2009年十大产业振兴规划自然实验的经验研究》，《中国工业经济》2018年第8期。

茹玉骢：《技术寻求型对外直接投资及其对母国经济的影响》，《经济评论》2004年第2期。

申俊喜、陈甜：《中国企业技术寻求型OFDI进入模式选择分析——基于华为和吉利案例》，《华东经济管理》2017年第2期。

田巍、余淼杰：《企业生产率和企业"走出去"对外直接投资：基于企业层面数据的实证研究》，《经济学（季刊）》2012年第2期。

王昶、胡明华、周文辉：《技术寻求型跨国并购中公司总部角色演化研究——基于时代电气的纵向案例研究》，《科学学与科学技术管理》2017年第3期。

王忠诚、薛新红、张建民：《东道国资本管制与中国对外直接投资：来自上市企业跨国并购的微观证据》，《世界经济研究》2018年第2期。

王英、刘思峰：《中国 ODI 反向技术外溢效应的实证分析》，《科学学研究》2008 年第 2 期。

王英、刘思峰：《国际技术外溢渠道的实证研究》，《数量经济技术经济研究》2008 年第 4 期。

王永钦、杜巨澜、王凯：《中国对外直接投资区位选择的决定因素：制度、税负和资源禀赋》，《经济研究》2014 年第 12 期。

王小鲁、樊纲、余静文：《中国分省份市场化指数报告（2016）》，社会科学文献出版社 2017 年版。

王桂军、卢潇潇：《"一带一路"倡议与中国企业升级》，《中国工业经济》2019 年第 3 期。

吴延兵：《国有企业双重效率损失研究》，《经济研究》2012 年第 3 期。

吴先明：《中国企业对发达国家的逆向投资：创造性资产的分析视角》，《经济理论与经济管理》2007 年第 9 期。

肖慧敏、刘辉煌：《中国对外直接投资提升了企业效率吗》，《财贸经济》2014 年第 5 期。

冼国明、杨锐：《技术累积、竞争策略与发展中国家对外直接投资》，《经济研究》1998 年第 11 期。

冼国明、明秀南：《海外并购与企业创新》，《金融研究》2018 年第 8 期。

薛琴、申俊喜：《技术寻求型 OFDI 企业人力资源融合机理研究——以吉利收购沃尔沃为例》，《华东经济管理》2015 年第 11 期。

沙文兵：《对外直接投资、逆向技术溢出与国内创新能力——基于中国省际面板数据的实证研究》，《世界经济研究》2012 年第 3 期。

沙文兵、李莹：《OFDI 逆向技术溢出、知识管理与区域创新能力》，《世界经济研究》2018 年第 7 期。

沈能、赵增耀：《空间异质性假定下 OFDI 逆向技术溢出的门槛效应》，《科研管理》2013 年第 12 期。

孙好雨：《对外投资与对内投资：替代还是互补》，《财贸经济》2019年第6期。

阎大颖：《中国企业国际直接投资模式选择的影响因素——对跨国并购与合资新建的实证分析》，《山西财经大学学报》2008年第10期。

阎大颖、洪俊杰、任兵：《中国企业对外直接投资的决定因素：基于制度视角的经验分析》，《南开管理评论》2009年第6期。

阎大颖：《制度距离、国际经验与中国企业海外并购的成败问题研究》，《南开经济研究》2011年第5期。

阎虹戎、冼国明、明秀南：《对外直接投资是否改善了母公司的员工结构?》，《世界经济研究》2018年第1期。

杨栋旭、张先锋：《管理者异质性与企业对外直接投资——基于中国A股上市公司的实证研究》，《国际贸易问题》2018年第10期。

杨波、张佳琦：《对外并购与绿地投资选择研究：基于企业异质性视角》，《国际贸易问题》2017年第12期。

杨连星、罗玉辉：《中国对外直接投资与全球价值链升级》，《数量经济技术经济研究》2017年第6期。

叶娇、赵云鹏：《对外直接投资与逆向技术溢出——基于企业微观特征的分析》，《国际贸易问题》2016年第1期。

衣长军、徐雪玉、刘晓丹、王玉敏：《制度距离对OFDI企业创新绩效影响研究：基于组织学习的调节效应》，《世界经济研究》2018年第5期。

尹东东、张建清：《我国对外直接投资逆向技术溢出效应研究——基于吸收能力视角的实证分析》，《国际贸易问题》2016年第1期。

尹建华、周鑫悦：《中国对外直接投资逆向技术溢出效应经验研究——基于技术差距门槛视角》，《科研管理》2014年第3期。

袁东、李霖洁、余淼杰：《外向型对外直接投资与母公司生产率——对母公司特征和子公司进入策略的考察》，《南开经济研究》2015年第

3 期。

袁其刚、郈晨、闫世玲：《非洲政府治理水平与中国企业 OFDI 的区位选择》，《世界经济研究》2018 年第 10 期。

曾剑云、刘海云、符安平：《交换威胁、技术寻求与无技术优势企业对外直接投资》，《世界经济研究》2008 年第 2 期。

赵宸宇、李雪松：《对外直接投资与企业技术创新——基于中国上市公司微观数据的实证研究》，《国际贸易问题》2017 年第 6 期。

赵伟、古广东、何元庆：《外向 FDI 与中国技术进步：机理分析与尝试性实证》，《管理世界》2006 年第 7 期。

张涛、刘宽斌、熊雪：《中国国有和民营制造业企业生产效率对比研究》，《数量经济技术经济研究》2018 年第 6 期。

张先锋、杨栋旭、张杰：《对外直接投资能缓解企业融资约束吗——基于中国工业企业的经验证据》，《国际贸易问题》2017 年第 8 期。

中华人民共和国国务院新闻办公室：《关于中美经贸摩擦的事实与中方立场》，人民出版社 2018 年版。

周煊、程立茹、王皓：《技术创新水平越高企业财务绩效越好吗？——基于 16 年中国制药上市公司专利申请数据的实证研究》，《金融研究》2012 年第 8 期。

周经、蔡冬青：《企业微观特征、东道国因素与中国 OFDI 模式选择》，《国际贸易问题》2014 年第 2 期。

周茂、陆毅、陈丽丽：《企业生产率与企业对外直接投资进入模式选择——来自中国企业的证据》，《管理世界》2015 年第 11 期。

周伟、王强：《后过渡期我国技术寻求型 FDI 企业的竞争力研究》，《技术经济》2005 年第 8 期。

朱荃、张天华：《中国企业对外直接投资存在"生产率悖论"吗？——基于上市工业企业的实证研究》，《财贸经济》2015 年第 12 期。

钟昌标、黄远浙、刘伟：《新兴经济体海外研发对母公司创新影响的研究——基于渐进式创新和颠覆式创新视角》，《南开经济研究》2014

年第 6 期。

宗芳宇、路江涌、武常岐:《双边投资协定、制度环境和企业对外直接投资区位选择》,《经济研究》2012 年第 5 期。

Antras, P., "Firms, Contracts, and Trade Structure", *The Quarterly Journal of Economics*, Vol. 118, No. 4, November 2003.

Aw, Bee Yan and Lee, Yi, "Firm Heterogeneity and Location Choice of Taiwaness Multinationals", *Journal of International Economics*, Vol. 75, No. 1, May 2008.

Ayca, Tekin-Koru, "Cross-Border M&As vs. Greenfield Investments: Does Corruption Make a Difference?", MPRA Working Paper, No. 42857, November 2012.

Bernard, Andrew B. and J. Bradford Jensen, "Firm Structure, Multinationals, and Manufacturing Plant Deaths", *The Review of Economics and Statistics*, Vol. 89, No. 2, May 2007.

Bernard, Andrew B., J. Bradford Jensen and Peter K. Schott, "Falling Trade Costs, Heterogeneous Firms and Industry Dynamics", NBER Working Paper, No. 9639, April 2003.

Bernard, Andrew B., J. Bradford Jensen, Stephen J. Redding and Peter K. Schott, "Wholesalers and Retailers in US Trade", *The American Economic Review*, Vol. 100, No. 2, May 2010.

Boisot, M. and M. W. Meyer, "Which Way through the Open Door? Reflections on the Internationalization of Chinese Firms", *Management and Organization Review*, Vol. 4, No. 3, November 2008.

Branstetter, L., "Is Foreign Direct Investment a Channel of Knowledge Spillovers? Evidence from Japan's FDI in the United States", *Journal of International Economics*, Vol. 68, No. 2, March 2006.

Buch, C. M., et al., "Financial Constraints and Foreign Direct Investment: Firm-Level Evidence", *Review of World Economics*, Vol. 150,

No. 2, May 2014.

Buckley, P. J., et al., "The Determinants of Chinese Outward Foreign Direct Investment", *Journal of International Business Studies*, Vol. 38, No. 4, July 2007.

Byun, Hyung-Suk, Lee, Hyun-Hoon, Park, Cyn-Young, "Assessing Factors Affecting M&As versus Greenfield FDI in Emerging Countries", ADBE Working Paper Series, No. 293, November 2012.

Cantwell, J. and Tolentino, P. E. E., "Technological Accumulation and Third World Multinationals", University of Reading, Discussion Papers in International Investment and Business Studies, 1990.

Carboni, Oliviero A., "R&D Subsidies and Private R&D Expenditures: Evidence from Italian Manufacturing Data", *International Review of Applied Economics*, Vol. 25, No. 4, May 2011.

Caves, Richard E., *Multinational Enterprise and Economic Analysis*, Cambridge (UK): Cambridge University Press, 2006.

Chen, Shih-Fen S., "The Motives for International Acquisitions: Capability Procurements, Strategic Considerations, and the Role of Ownership Structures", *Journal of International Business Studies*, Vol. 39, No. 3, April 2008.

Chen, E., "The Rise of Third World Multinationals: Hong Kong's Foreign Direct Investment in Manufacturing", *Palgrave Macmillan UK*, Vol. 5, No. 3, July 1983.

Cieslik, Andrzej and Ryan, Michael, "Firm Heterogeneity, Foreign Market Entry Mode and Ownership Choice", *Japan and the World Economy*, Vol. 21, No. 3, August 2009.

Czarnitzki, D., "Research and Development in Small and Medium-Sized Enterprises: The Role of Financial Constraints and Public Funding", *Scottish Journal of Political Economy*, Vol. 53, No. 3, July 2006.

Damijan, J. P., et al., "Outward FDI and Productivity: Micro-Evidence from Slovenia", *The World Economy*, Vol. 30, No. 1, January 2007.

Dean, et al., "The Effect of Regulative and Normative Distances on MNE Ownership and Expatriate Strategies", *Management International Review*, Vol. 44, No. 3, September 2004.

Demirbag, M., Glaister, T. K. W., "Factors Affecting Perceptions of the Choice between Acquisition and Greenfield Entry: The Case of Western FDI in an Emerging Market", *Management International Review*, Vol. 48, No. 1, February 2008.

Deng, P., "Why Do Chinese Firms Tend to Acquire Strategic Assets in International Expansion?", *Journal of World Business*, Vol. 44, No. 1, January 2009.

Dikova, D., Witteloostuijn, S. A. V., "Cross-Border Acquisition Abandonment and Completion: The Effect of Institutional Differences and Organizational Learning in the International Business Service Industry", *Journal of International Business Studies*, Vol. 41, No. 2, February 2010.

Driffield, N. L., Love, J. H., "Foreign Direct Investment, Technology Sourcing and Reverse Spillovers", *The Manchester School*, Vol. 71, No. 6, December 2003.

Driffield, N., Chiang, P. C., "The Effects of Offshoring to China: Reallocation, Employment and Productivity in Taiwan", *International Journal of the Economics of Business*, Vol. 16, No. 1, February 2009.

Dunning, J. H., Kim, C. S., Lin, J. D., "Incorporating Trade into the Investment Development Path: A Case Study of Korea and Taiwan", *Oxford Development Studies*, Vol. 29, No. 2, June 2001.

Dunning, J. H., "Location and the Multinational Enterprises: A Neglected Factor", *Journal of International Business Studies*, Vol. 29, No. 1,

1998.

Eaton, J., Kortum, S., Kramarz, F., "Discussing Trade: Firms, Industries, and Export Decisions", *American Economics Review*, *Papers and Proceedings*, Vol. 94, No. 2, 2004.

Ekholm, K., Braconier, H. W., "Swedish Multinationals and Competition from High-and Low-Wage Locations", *Review of International Economics*, Vol. 8, No. 3, August 2000.

Ekholm, K., Braconier, H., Knarvik, K., "In Search of FDI-Transmitted R&D Spillovers: A Study Based on Swedish Data", *Weltwirtschaftliches Archiv*, Vol. 137, No. 4, January 2001.

Ernst, H., "Patent Applications and Subsequent Changes of Performance: Evidence from Time-Series Cross-Section Analysis on the Firm Level", *Research Policy*, Vol. 30, No. 1, January 2001.

Fosfuri, Andrea and Massimo Motta, "Multinationals without Advantages", *The Scandinavian Journal of Economics*, Vol. 101, No. 4, December 1999.

Girma, S., Greenaway, D., Kneller, R. A., "Does Exporting Increase Productivity? A Microeconomic Analysis of Matched Firms", *Reviews of International Economics*, Vol. 12, No. 5, November 2004.

Globerman, S., Shapiro, D., Yao, T., "Foreign Direct Investment in Emerging and Transition European Countries", *International Finance Review*, Vol. 6, February 2006.

Grosse, R., Lawrence, G. Goldberg, "Foreign Bank Activity in the United States: An Analysis by Country of Origin", *Journal of Banking & Finance*, Vol. 15, No. 6, December 1991.

Head, K., Ries, J., "Heterogeneity and the FDI Versus Export Decision of Japanese Manufactures", *Journal of the Japanese International Economics*, Vol. 17, No. 4, December 2003.

Helpman, E., et al., "Export versus FDI with Heterogeneous Firms", *The America Economic Review*, Vol. 94, No. 1, March 2004.

Henderson, Rebecca M., Clark, Kim B., "Architectural Innovation: The Reconfiguration of Existing Product Technologies and the Failure of Established Firms", *Administrative Science Quarterly*, Vol. 35, No. 1, March 1990.

Hennart, J. F., Y. R. Park, "Greenfield vs. Acquisition: The Strategy of Japanese Investors in the United States", *Management Science*, Vol. 39, No. 9, September 1993.

Kang, K. N., Park, H., "Influence of Government R&D Support and Inter-Firm Collaborations on Innovation in Korean Biotechnology SMEs", *Technovation*, Vol. 32, No. 1, January 2012.

Kogut, B., Chang, Sea J., "Technological Capabilities and Japanese Foreign Direct Investment in the United States", *The Review of Economics and Statistics*, Vol. 73, No. 3, August 1991.

Langlois, R. N., Robertson, P., *Firms, Markets and Economic Change: A Dynamic Theory of Business Institutions*, London: Taylor & Francis Group, 1995.

Levinsohn, J. A. and Petrin, A., "Estimating Production Functions Using Inputs to Control for Unobservables", *The Review of Economic Studies*, Vol. 70, No. 2, April 2003.

Li, J., Oh, C. H., "Research on Emerging-Market Multinational Enterprises: Extending Alan Rugman's Critical Contributions", *International Business Review*, Vol. 25, No. 3, June 2016.

Lu, J., Liu, X., Wang, H., "Motives for Outward FDI of Chinese Private Firms: Firm Resources, Industry Dynamics and Government Policies", *Management and Organization Review*, Vol. 7, No. 2, July 2011.

Luo, Y., Tung, R. L., "International Expansion of Emerging Market Enterprises: A Springboard Perspective", *Journal of International Business Studies*, Vol. 38, No. 4, July 2007.

Mayer, Thierry, et al., "The Happy Few: The Internationalization of European Firms", *Intereconomics: Review of European Economic Policy*, Vol. 43, No. 3, May 2008.

Melitz, Marc J., "The Impact of Trade on Intra-Industry Reallocations and Aggregate Industry Productivity", *Econometrica*, Vol. 71, No. 6, November 2003.

Michailova, S., Hutchings, K., "National Cultural Influences on Knowledge Sharing: A Comparison of China and Russia", *Journal of Management Studies*, Vol. 43, No. 3, May 2006.

Mudambi, R., Navarra, P., "Institutions and Internation Business: A Theoretical Overview", *International Business Review*, Vol. 11, No. 6, December 2002.

Navaretti, G. B., D. Castellani, "Investments abroad and Performance at Home: Evidence from Italian Multinationals", CEPR Discussion Paper Series, No. 4284, March 2004.

Neven, D., Siotis, G., "Technology Sourcing and FDI in the EC: An Empirical Evaluation", *International Journal of Industrial Organization*, Vol. 14, No. 5, July 1996.

Nocke, V., Yeaple, S., "An Assignment Theory of Foreign Direct Investment", *The Review of Economic Studies*, Vol. 75, No. 2, April 2008.

Nocke, V., Yeaple, S., "Cross-Border Mergers and Acquisitions vs. Greenfield Foreign Direct Investment: The Role of Firm Heterogeneity", *Journal of International Economics*, Vol. 72, No. 2, July 2007.

Olley, Steven G., Pakes, Ariel, "The Dynamics of Productivity in the Telecommunications Equipment Industry", *Econometrica*, Vol. 64, No. 6, November 1996.

Peng, Mike W., Luo, Y., "Managerial Ties and Firm Performance in a Transition Economy: The Nature of a Micro-Macro Link", *Academy of Management Journal*, Vol. 43, No. 3, June 2000.

Peng, Mike W., "The Resource-Based View and International Business", *Journal of Management*, Vol. 27, No. 6, December 2001.

Potterie, Vpdl, et al., "Does Foreign Direct Investment Transfer Technology across Borders?", *The Review of Economics and Statistics*, Vol. 83, No. 3, August 2001.

Pradhan, J. P., N. Singh, "Outward FDI and Knowledge Flows: A Study of the Indian Automotive Sector", *International Journal of Institutions and Economies*, Vol. 1, No. 1, December 2009.

Raff, Horst, Michael Ryan and Frank Stahler, "The Choice of Market Entry Mode: Greenfield Investment, M&A and Joint Venture", *International Review of Economics and Finance*, Vol. 18, No. 1, January 2009.

Rugman, Alan M., Jing Li, "Will China's Multinationals Succeed Globally or Regionally?", *European Management Journal*, Vol. 25, No. 5, October 2007.

Rumelt, R. P., "Towards a Strategic Theory of the Firm", in R. Lamb ed., *Competitive Strategic Management*, New Jersey: Prentice-Hall, 1984.

Sakakibara, M., et al., "What Determines the Profitability of Foreign Direct Investment? A Subsidiary-Level Analysis of Japanese Multinationals", *Managerial and Decision Economics*, Vol. 29, No. 2 - 3, March 2008.

Shapiro, G. D., "Governance Infrastructure and US Foreign Direct Investment", *Journal of International Business Studies*, Vol. 34, No. 1, January 2003.

Siotis, Georges, "Foreign Direct Investment Strategies and Firms' Capabilities", *Journal of Economics & Management Strategy*, Vol. 8, No. 2, June 1999.

Slangen, Arjen H. L. and Jean-François Hennart, "Do Foreign Greenfields Outperform Foreign Acquisitions or Vice Versa? An Institutional Perspective", *Journal of Management Studies*, Vol. 45, No. 7, November 2008.

Spearot, Alan C., "Firm Heterogeneity, New Investment and Acquisitions", *The Journal of Industrial Economics*, Vol. 60, No. 1, March 2012.

Stepanok, I., "Cross-Border Mergers and Greenfield Foreign Direct Investment", *Review of International Economics*, Vol. 23, No. 1, February 2015.

Teece, David J., "Foreign Investment and Technological Development in Silicon Valley", *California Management Review*, Vol. 34, No. 2, Winter 1992.

Trax, Michaela S., "Productivity and the Internationalization of Firms: Cross-Border Acquisitions versus Greenfield Investments", *Ruhr Economic Papers*, No. 259, May 2011.

Williamson, O., *The Economic Institutions of Capitalism*, New York: Free Press, 1985.

Witt, Michael A., Lewin, Arie Y., "Outward Foreign Direct Investment as Escape Response to Home Country Institutional Constraints", *Journal of International Business Studies*, Vol. 38, No. 4, July 2007.

Yang, S. F., Chen, K. M., Huang, T. H., "Outward Foreign Direct Investment and Technical Efficiency: Evidence from Taiwan's Manufacturing Firms", *Journal of Asian Economics*, Vol. 27, August 2013.

Yeaple, Stephen R., "Firm Heterogeneity and the Structure of U. S. Multinational Activity", *Journal of International Economics*, Vol. 78, No. 2, July 2009.

Zaheer, Srilata, "Overcoming the Liability of Foreignness", *The Acad-

emy of Management Journal, Vol. 38, No. 2, April 1995.

Zhao, X., Decker, R., "Choice of Foreign Market Entry Mode: Cognitions from Empirical and Theoretical Studies", Discussion Paper, Faculty of Economics, Bielefeld University, 2004.

后　　记

　　新兴市场国家对外直接投资是当前国际经济学领域的重要研究课题。随着新—新贸易理论的发展，从企业异质性角度研究微观主体的对外直接投资行为和绩效成为研究的热点领域。科技型企业日益成为中国对外直接投资的重要主体。随着贸易投资保护主义抬头，欧美等发达国家和地区对高技术领域的外国投资审查收紧，中国科技型企业对外投资面临更加严苛的投资壁垒和交易不确定性增加带来的风险。那么，面对日益复杂的国际环境，中国科技型企业对外直接投资决策受哪些因素影响？对外直接投资是否能够提升微观企业绩效？境外投资便利化改革是否有利于提升科技型企业全要素生产率？其作用机制是什么？回答这一系列的问题，有必要立足中国实践展开系统研究。

　　本书是国家社会科学基金青年项目"制度和技术双重约束下推动我国科技型企业对外投资机制研究"（批准号14CJL013）的研究成果。立项后，笔者对项目研究的整体思路、结构框架、模型构建、数据可获得性等工作进一步细化，形成了更加明确的研究计划。一是通过对商务部的《境外投资企业（机构）名录》、Wind上市公司并购重组数据库和国泰安上市公司数据库进行匹配，构建中国科技型企业对外直接投资数据库，为系统研究中国科技型企业对外直接投资特征、行为决策、投资绩效等提供大样本数据支撑。二是基于新兴市场国家的特性和中国科技型企业对外投资的现实情况，依据企业异质性理论、制度基础观等，通过构建模型和实证研究，深入探讨中国科技型企业投资行为与绩效背后的异质性因素，特别是探讨创新能力、公司治理、全要素生产率、制度环境等因素的作用。三是梳理中国对外直接投资体制机制改革进程，结合实证分析结论，提出相关对策建议。为保障完成研究计划，笔者投入了大量的时间和精力，项目得以顺利完成并结项。

衷心感谢湖北省社会科学院领导和同事给予的指导和帮助。徐艳霞、夏克郁、谭颖、卢园园、聂夏清等研究生参与文献整理、数据收集等工作，在此表示感谢。感谢国家社会科学基金为本书提供的资助。感谢中国社会科学出版社为本书出版付出的辛勤努力。由于水平有限，书中难免会有一些疏漏和不足之处，恳请专家和读者批评指正。

白　洁

2022 年 9 月